光尘
LUXOPUS

没有离不开的关系

致渴望走出情感伤痛的你

맬 수 없는
관계는 없습니다

[韩] 林雅永 —— 著

郭鹏 —— 译

国文出版社
·北京·

图书在版编目（CIP）数据

没有离不开的关系 /（韩）林雅永著；郭鹏译. -- 北京：国文出版社，2024. -- ISBN 978-7-5125-1657-1

Ⅰ．C912.11-49

中国国家版本馆CIP数据核字第2024064RV3号

北京市版权局著作权合同登记号 图字01-2024-4199号

떠날 수 없는 관계는 없습니다 ⓒ 2022 by Ah Young Lim
All rights reserved
First published in Korea in 2022 by Sam & Parkers Co., Ltd.
This translation rights arranged with Sam & Parkers Co., Ltd.
through May Agency and CA-LINK International LLC
Simplified Chinese Translation Copyright ©2024 by Beijing Guangchen Culture Communication Co. Ltd

没有离不开的关系

作　　者	[韩] 林雅永
译　　者	郭　鹏
责任编辑	戴　婕
出版发行	国文出版社
经　　销	国文润华文化传媒（北京）有限责任公司
印　　刷	文畅阁印刷有限公司
开　　本	880毫米×1230毫米　　32开
	7.5印张　　125千字
版　　次	2024年9月第1版
	2024年9月第1次印刷
书　　号	ISBN 978-7-5125-1657-1
定　　价	59.00元

国文出版社
北京市朝阳区东土城路乙9号　　邮编：100013
总编室：（010）64270995　　传真：（010）64270995
销售热线：（010）64271187
传真：（010）64271187-800
E-mail: icpc@95777.sina.net

目录

前言   iii
序言   人是会变的吗？   ix

第一章
家庭，是无法选择的关系   001

父母给予生命，人生要靠自己   011
即使一母同胞，也会各有不同   024
出生在这个世界上非我所愿   034
每个人的人生都只有一次   043

第二章
自己，偶尔也会感到陌生   053

空虚：感觉一切没意义   061
烦躁：不知不觉中爆发   066
成瘾：却控制不了自己   077
无力：不想做任何事   089
幸福：并非触手可及   098

第三章

选择，不一定要负全责   111

疑惑：为什么我总是遇到渣男？   124
倦怠：三年之痒，爱情也会"过期"   137
接纳：爱你"本来的样子"   148
憎恶：讨厌一个人是有理由的   160
妒忌：形影不离的"朋友"   172

第四章

悦己，学会与自己和解   181

你是自己思想的主人吗？   193
成为自己的人生故事的作者和读者   212

后　记　这样也不错   222

前 言

"你是一个什么样的人?"

遇到这样的问题,你会想到怎样的回答呢?我应该会基于自己的工作,自我介绍"我是一名临床心理学家",这样的回答或许没有什么新意,不过我非常满意。因为这是我自己选择的,是我非常热爱的,是我拼命学习过的,更是能让我感到自豪的事情。

在我的一生中,将近一半的时间都在学习心理学,这也充分说明了我对这门学科的认同和热爱。高中时,我就深深地被心理学所吸引。尽管在填报大学志愿时遭到家人的反对,但我还是毅然决然地报考了心理学专业。从那时起,我一直以临床心理学为中心,做出所有的选择。

即使如此，在我真正热爱这份工作并从中获得自信之前，也经历过很多挑战和心理斗争。其实，临床心理学对大众而言并不是熟知的领域。每当有人听完我的自我介绍后，都会发出很多疑问："临床心理？""那是做什么的呢？"我也因此一度备受打击。毕竟自己如此喜欢这份职业，并为之投入了大量的时间与精力，到头来却没有被社会认可……一想到这些，我就意志消沉起来。

我曾这样想过："如果选择了一份更像样的工作，也许就能摆脱那种自卑感了吧？"就算是这样，我依然认为能专注于做一件事情的理由，就是自己真的喜欢它，也就是喜欢它的本质：

"有些事，只有深入人心，才能真正理解。"

有一段时间，我总是因为没有得到应有的礼遇而愤愤不平。虽然起初我并不是为了名和利才选择的心理学，但总觉得自己的付出应该得到相应的回报才对。

我知道，生活是自己的，评论是别人的。只要做好份内之事，周围的人就会看到我的行为。如果我的工作对他人有帮助，就会得到肯定的评价；如果对他人有害，必然会收到否定的评价。大部分人都忙于操持自己的生活，与我并无瓜葛。在这种情况下，他们的内心和想法不会因我而变。

但是，我曾执拗地认为自己应该得到更多。不管我的工作对别人的帮助能有多少，我都希望能享受到职业带来的"光环"。可是，如果我想要的是"光环"，就应该选择与之匹配的道路，并为之付出相应的努力。然而，当初是我自己选择了这样一条完全不同的道路。

出于这样的想法，我站在新的角度审视、反省了自己：又不是出于他人的逼迫，才选择了现在的工作，有什么可失望的呢？自己对别人的事情也不感兴趣，更是知之不深。要想让更多人了解临床心理学，那么这个领域的学者们不就应该挺身而出，为社会做出贡献吗？这令我顿时生出了一些使命感。

从此之后，每当有人问起"临床心理学到底是什么"时，在感谢他们之余，我会这样回答："临床心理学主要研究人类的精神健康和精神病理，是做出评估、治疗、预防和科学研究的专门领域。帮助人们正确认识自我，继而获得成长。"

我在工作中遇到了很多受到心灵创伤，或是正面临人生危机的人。这样的相遇让我觉得人生的苦痛是一种常态。每个人都不一样,难免会给对方带来伤害,对自己和他人的不满也随之增加。于是,诸如"我怎么会是现在这个样子?""那个人为什么要那样做?""为什么只有我在经历这些不幸?"此类的想法,更是难以摆脱。

这并不是说,那些残酷而特别的事只会给自己带来悲剧。拿我来说,作为临床心理学者所经历的苦恼,是常人很难理解的。但从更广的角度来看,为自己做出的选择而后悔,或是因为比较而产生自卑……这些可能是所有人都会遇到的烦恼。

在自己深陷苦痛的时候,虽然周围一片黑暗,看不到一点光亮。但只要走出一步,不难发现所有人都有过和自己一样的处境。这个世界对于任何人来说都是公平的,不会特别眷顾谁,更不会故意责难谁。也许正是因为每个人都会经历苦痛,所以大家才能相互理解、彼此安慰。

人生的开始,与我们自己的意志无关。不论好坏,我们都必须活下去。从某种角度来说,在这种被赋予的既定人生中,我们都是一样的,但一百种生活却有一百种过法。思考如何描绘自己的人生并为之做出相应的选择，贯穿每个人的生活。这是我作为临床心理学者要研究的课题，也是每一个人都将面对的终极问题。

我只不过是将更多的时间花在了学习专业知识和技术上。因此，这本书的内容，可以说是我基于临床心理学的知识，针对生活中每个人都经历过的苦恼和问题而做出的回答。

有些人可能会觉得这些回答是很显而易见、老套、落伍的。但我也在过着普通的生活，我也没有积累足够的资历和见识，促使我获得与众不同的发现。可我并没有为自己的不足感到惭愧，而是想将临床心理学更普及，与更多的人进行交流。通过这样做，我的人生的状态和色彩会变得更加令人满意，而这一选择的结果汇聚成这本书，成功与大家见面。

这本书记录的是一段如何寻找自我，度过属于自己人生的旅程。它真实地反映了"我"和"他人"的模样。依恋是婴儿与养育者之间形成的情感联结，也是我们形成自我认知的最初阶段，亦是自律、情绪调节、人际关系及认知发展的基础。很多人在稳定的依恋关系中很难建立关于"我是谁"的综合自我认同，反而会遇到自主性缺失、情绪调节困难、人际关系障碍以及被消极思想所束缚等问题。为此，这本书将全方位地探讨依恋的本质和依恋模式发生改变的可能性。

第一章讨论的是脱离父母获得心理独立。第二章谈到了认识自己的情感并正确表达的重要性。第三章探讨的是在关系中如何维护自我，同时不失去与他人的联结。最后一章则是探讨如何观察和捕捉自己的想法和经验，不再否定自己。

当然，不稳定的依恋关系不是心理问题的唯一原因。可能也存在本书没有涉及的其他原因和解决方案。此外，以依恋关系为基础追溯自己的过去，并不是在责怪是父母让我们有了不幸的过去，或没有形成良好的依恋关系。

然而，注重依恋关系的原因是依恋与各种心理学作用有着广泛的联系。深入了解依恋理论，可以帮助人们获得对自己的广泛认知，并有可能超越遗传和环境的因素，通过个人努力和主动介入建立新的依恋关系。

因此，这本书不仅仅是为了揭示心理问题的根源，更是为了指导人们如何将生活中的经历进行有机地整合，照亮自己前行的道路，找到真正属于自己的生活。

在这场旅程的尽头，希望大家能找到属于自己的答案，也希望大家都能触及自己那颗一直被孤立的心。

特别说明的是，书中引用的案例均为真实案例改编。

序　言

人是会变的吗？

接受心理治疗的人常常会问："人是会变的吗？"这个问题不仅表达了他们对自己承袭的基因、天生的本性、注定的命运、所处的环境，还有在无法摆脱的束缚中感受到的种种失望；也表达了自己想要成为"另一个人"的欲望；还有就是想要按照自己的喜好改变他人的控制欲。

古希腊德尔菲神庙里刻着一句箴言："认识你自己"。这句话成了精神分析学的研究命题。也正是这样，更能反映出真实地认识自己是件多么困难的事情。是什么蒙蔽了我们的心灵之眼，导致我们无法认清自己？我们为什么如此害怕认识自己？我们在哪里才能找到那面能够正视自己的镜子呢？

父母是我们生命中的第一面镜子。对于婴儿而言，想要生存就要完全依赖于父母，父母就是他们的世界，更是他们的宇宙。大多数父母都爱孩子，也愿意把最好的东西都给孩子。但爱孩子和倾听孩子讲话是不同的。倾听孩子讲话，是为了更好地认识孩子而做出的一种努力。这种努力的前提是承认自己的无知，即"虽然是我的孩子，但会和自己有所不同，所以我也可能并不了解他"。其次是承认孩子的独立性，也就是把孩子当作一个独立的个体来对待。正如"我不怎么了解你""我看到的并不是全部"一样，承认自己的无知，可以赋予孩子成就自我的自由。

令人遗憾的是，父母也是不完美的人，他们也不清楚自己到底是什么样的。他们也会受到来自生活的羁绊，而能够稀释痛苦的人却寥寥无几。因此，即使父母是出于爱，也可能会在有意无意中将自己的缺点和自卑，还有那些未竟之事传递给孩子。"你是这样的人吧？""你应该成为这样的人！""你不会让我失望吧？""妈妈为此付出了多少！"诸如此类的话，会给孩子的内心造成心理创伤。

当社会和父母赋予孩子的角色与孩子本身的真实身

份不匹配时，他们会感到矛盾，这也是多数心理疾病的成因之一。如果父母一感到不满意就贬低孩子，会令孩子的自尊心受到伤害。而父母不切实际的夸赞与吹捧，也是一种否定孩子的表现。

有这样一个女孩，经常被不明原因的头痛折磨。进入青春期后，体重也开始急剧下降。她辗转于神经科和内科，始终无法找到病因，最终来到精神科就诊。"我女儿一直都是第一名。我们总让她早点睡，不要老学习。但真的不知道为什么会变成这样。"妈妈的担心声中隐藏着炫耀。但当女孩的妈妈离开后，孩子说出了一个大秘密："其实我每天都在熬夜学习，但并不是每次都拿第一名。"

为了树立社会地位或弥补自身缺陷，父母将孩子的成就和外表当作一种炫耀的资本，孩子们也因此承受着无比强烈的压迫感，因为他们头上所戴的王冠是父母强压上去的。再加上，孩子们为了得到父母的爱和认可，时常感到战战兢兢，担心自己不能成为父母的骄傲，陷入随时会被抛弃的不安当中。这种压迫与恐惧一直埋藏在孩子的内心深处，导致他们将追求完美视为人生的终极理想。这个理想时刻催促着他们不断前行，即使取得了一些成就，也无法从心底里感受到真正的满足。

有些人看似取得了成功，内心却是一片荒芜。因为映照他们内在的镜子已经扭曲，使他们无法看清原本的自己。就算取得了成就，也无法开心雀跃，反倒是暗自神伤。因为他们从那面镜子里看到的，是自己被金字塔尖上的完美者反衬出的不堪与渺小，这个镜像令他们更加自惭形秽。他们不敢否定那面具有权威性的镜子，只能把身上沾满灰尘的自己一点一点地收拾干净，再将自己包裹起来，将真实的自己隐藏在华丽的外表之下。

当然，所有这些悲剧的责任并不仅仅在于父母。正如父母将自己的幻想强加给孩子，孩子也给父母带来了比现实更沉重、更复杂的幻想。父母交给孩子一面扭曲的镜子，这种扭曲将在孩子的心中变得更加极端。当孩子长大成人后，就算父母对孩子的生活再也产生不了大的影响，但内心深处那面扭曲的镜子仍会继续照亮过去。当孩子有一天声讨从父母那里受到的伤害时，大多数父母都会这样说："当时，我并不是那个意思。"

孩子也不允许自己这样想："我还不太清楚父母是什么样的人"或者"我看到的父母或许不是全部"。他们心中的父母被固定在过去那种说一不二、极具威胁的形象中。在这样的关系中，父母和孩子不能正视彼此，两者之间也没有平行线可言。虽然彼此相爱，但互不理解，还有比这更扭曲的关系吗？在这样的关系中，当父母离开了世界，孩子会一下子醒悟，发现自己从未意识到父母也是个普通人，后悔和自责也随之而生。

有人认为，心理治疗会揭露不能改变的过去，暴露父母犯下的错误。他们对此感到非常不满。但心理治疗并不是为了追责过去、埋怨父母。各种心理治疗理论的共同基础是"疗愈心灵"。精神分析学的创始人西格蒙德·弗洛伊德表示，精神分析的目的是基于自我认知，从而实现"关于儿童的教育改革"。分析心理学的创始人卡尔·古斯塔夫·荣格说："父母给孩子最好的礼物是允许孩子成为他自己，活出属于他们自己的人生。"

学者们共同的目标是让父母摆脱身上的枷锁，成为合格的父母。为此，父母们有责任把自己变成这样的人。"完整"与"完美"不同，"完整"指的是接受自己的不完美、不确定甚至是被扭曲的形象。也就是说，只有通过一面可以完全清晰认识自己的镜子，父母才能阻止自己以扭曲的视角审视孩子，避免在孩子的心中播下虚假的种子。

回到一开始的问题，心理治疗对"人是会变的吗？"这个问题的回答是这样的："心理治疗不是把你变成另一个人，而是让你在实现自我的过程中更好地成为自己。"传说，众神在创造人类时，讨论把生活的答案放在哪里。有的神主张放在山顶，有的神说放在地球的中心，还有的神说放在海底，但最终持反对意见的神说服了全场："把生活的答案放在他们自己心里吧，他们永远也找不到答案。"所以，答案就在自己身上，要想找到答案就只能诚实地面对自己。

  做自己是一件很困难的事情。我是谁，又该如何生活？当这些无法预知的恐惧和困惑袭来时，也许唯一可以做的，就是给自己无知的自由："我并不完全理解自己""我可以在前进中认识自己"。

第 一 章

家庭，
是无法选择的关系

其实在这个世界上,有很多事是不需要理由的。比如,天空的颜色,风的温度……我们的人生如同"开盲盒",在开启之前,谁都不知道里面藏着什么。这种随机被叫作"偶然",也被称为"命运"。在这个如同开盲盒一样的人生游戏中,"出生在一个什么样的家庭"就是第一道关卡。没有"传送门"供玩家随心使用,也没有人可以选择自己将与什么样的父母见面。而这些无关选择的因素却会给我们的人生带来影响:我会继承父母身上的什么品性,父母的财力与学历怎样,家境又如何等。这些因素对我们的初期发展和人格形成都会产生深远的影响。

当我们追溯自己的起源时，不可避免地会接触到爱与恨这两种矛盾的情感。只是爱多少、恨几何却是因人而异的。有的人会更多地感受到对父母的爱、感激和尊敬，有人则会更加强烈地感受到怨恨、愤怒和厌恶。后者也许会抱有这样的想法："如果父母更爱我，我是不是就会更幸福、快乐？"说不定你现在之所以会读这本书，就是为了寻找这些问题的答案。

我们现在的样子并不完全是父母"造成"的。了解父母给我们带来的影响，和将责任推卸给父母，是两个维度完全不同的问题。相反，追溯与父母建立的关系属性，改变将责任推给父母和外界因素的心态，才能实现"我的生活我做主"。

事实上，因为有偶然性，人生也充满了不确定感，对此感到的不满并不能都归结于父母。先天残疾、不治之症、意外事故、战争……现实中充满了个人无法掌控的不幸。即使能幸运地避开一些不幸，也不可能避免生活中的所有悲剧。这么一看，人生就像一场"荆棘密布的苦旅"，我们一边面临着无法预测的命运的挑战，一边走向死亡。

然而，人生路上的那些决定因素并不都是不可控的。虽然不能按照自己的意愿出生，也不是自愿去经历不幸，但面对这样的悲剧时，我们是可以做出选择的：是陷入死循环，总去想"为什么偏偏在我身上发生了这样的事情"，不停回味过去的不幸？还是坦然接受命运带来的磨难，努力活出最好的自己？

面对人生"盲盒"，每个人都必须按自己的意志生活，这是所有人的宿命。从这个角度看，生与死对所有人来说都是公平的。**因此，我们有多成熟地去接受那些无法控制的事物，会决定能否凭借自己的意愿主宰全场，为自己的人生着色、添彩，从中体验到"这么过也挺好"的满足。**

父母与孩子的关系也不是一种选择，而是像命运一样被赋予。因此，我们有责任超越这种命运，去过自己的人生。那些传说中的英雄可能是孤儿，也可能被父母抛弃，可他们依然忍受苦难去探索未知的世界。那些离开父母四处奔波、陷于困境的人们，能够把漫长而坎坷的旅程一步一步走完，最终到达目的地。那么他们手里握着的自由之钥是什么呢？

那就是摆脱父母，获得"心理独立"。这也是所有人寻找的根本课题的答案。不管父母是什么人，给予我们什么影响，作为成年人的我们，必须从父母的影响中走出来，选择自己要过的生活，并为自己的选择买单。

只有从根源处就分离开来，独自扛起生活的苦重，才能彻底地走出父母笼罩在你头上的阴影，成为一个自由而强大的自己。

如果对父母的怨愤积压太深，以至于内心时常痛苦，觉得生活被父母毁掉了，或者觉得只有得到父母的道歉才能正常生活，那么即使和父母分开，也会在心理上被左右。即使父母是伟大可敬、没有任何人格缺陷的人，也很难从父母的阴影下获得自由。有些人一生都无法超越自己的父母，有些人只被记住是某个人的儿女，有些人把满足父母的期许作为人生的唯一目标……这样的人无疑是无法实现心理独立的。

在心理被束缚的状态下，很难同时保留对父母的恨与爱。当有人觉得"妈妈觉得我毁了她的人生"或"爸爸什么成就也没有"时，他们曾拥有的那些被爱的记忆瞬间就瓦解冰消。他们不再相信自己的血液中还流淌着积极的品质，甚至不相信自己的内心深处还存留着爱和怜悯。另一方面，当有人认为"妈妈为我牺牲了一辈子"或"爸爸是我不能逾越的大山"时，这些想法是在否定父母的不完美。那么父母真正需要的是什么，受到的伤害是什么，或许将被视而不见，甚至不被孩子所理会。

如果在你的内心深处，与父母的关系犹如黑与白的对立，那么你也许无法真正看到父母最真实的那一面。只有实现心理独立，摆脱父母的影响，不依附、不隶属他们时，你才可以看清原来父母也是有血有肉、有优缺点的独立个体。那么，怎样才能获得心理独立呢？我曾问过同样的问题。当时我得到的回答是："内心不会感到不安，就可以建立独立人格。"

心理独立的前提条件是，在稳定的依恋关系中建立安全基地。依恋是指婴儿和养育者之间的情感联结。婴儿之所以能够离开母亲的怀抱，更加自信地探索外界的环境并享受游戏，是因为他们始终感到是与母亲相连的，并且知道随时有地方可以回去。也就是说，彼此之间有一根纽带相互连接，即使分离，也可以重新相连。

为了观察依恋关系的质量，发展心理学家玛丽·爱因斯沃斯进行了一项"陌生情境实验"。在实验中，婴儿与母亲处于一个陌生的房间，母亲会离开房间，留下婴儿独自待一段时间，然后母亲再次回来。该实验观察了婴儿在母亲离开和回来时的反应，以及婴儿在与母亲和陌生人的互动中表现出的依恋行为。通过对婴儿的反应和行为进行分析，爱因斯沃斯将依恋心理分为两大基本类型。一种被称为"安全型依恋"，而另外一种被称为"非安全型依恋"。属于安全型依恋的婴幼儿对妈妈的信任和依赖是稳定的，因此他们可以放心地探索周围。虽然妈妈的暂时离开会让孩子感到困惑与迷茫，但当妈妈再次返回时，婴儿会很快回到探索环境的状态，再次集中精神于自己的游戏当中。

"非安全型依恋"可以细分为两大类。一类是抗拒型依恋。这个类型的婴儿通常会表现为过度依赖妈妈，对于妈妈的离开表现出极度的焦虑和不安；当妈妈返回时，他们可能会表现出愤怒和抵抗，很难被安抚。另一类是回避型依恋，婴儿可能不太关心妈妈的离开和回归。然而，尽管他们的表情很冷静，但实验结果表明，他们的压力激素皮质醇的水平明显上升，实际上会有轻微或中度的焦虑和不安。非安全型依恋的孩子随着年龄的增长，很难走向世界或与他人建立人际关系。他们缺乏一个可以依靠和信赖的安全基地。

重要的是，依恋关系的建立只有在养育者将孩子视为独立平等的个体时才会形成。健康的依恋关系并不意味着要两个人合为一体，感其所感；也不需要分隔两地,而是需要心灵上的"面对面",心意相通。为了实现这一点,需要双方同时保持独立性。

例如,当孩子因为考砸重要的考试而伤心时,有些父母也因此变得茶饭不思,认为孩子的失败就是自己的失败,不顾孩子心情如何,只是一味地沉浸在自己的悲伤中。这是一种无法将孩子和自己分离的状态。另一种对立的状态是,有些父母并不在意沮丧的孩子,或者会说"考砸了是你的问题,你要控制好自己的情绪"。在这种情况下,养育者和孩子的心灵无法相互碰触,而是在各自孤立的世界中生活。

在稳定的依恋关系中,父母会做出符合孩子内心的反应,也会区分自己与孩子的情感。"你一定非常难过吧?看到你失望的样子,妈妈的心情也不好。但是,感到难过也意味着你已经很努力,对这件事有自己的期望了。让心情平静下来,看看哪些方面可以改进。如果妈妈能帮上忙,就告诉我。"孩子不仅能感受到父母的支持和安慰,还会清楚地知道:是自己想要实现目标,而不是为了不让父母失望,或是为了不被父母责备。慢慢地,孩子可以更自主地过上属于自己的人生。

那些无法感受到联结、无法建立内心安全基地的人，往往难以承受分离带来的不安。即使这些人已经成年，他们的父母也无法提供他们所需要的支持，就像紧握着早已腐蚀的粗绳，依然不愿"松手"。他们无法离开父母，也会抱怨父母。

为什么就无法放开父母的手呢？难道是因为无法接受父母是自己人生的一部分吗？还是无法接受这段亲子关系就像交通事故一样，超出自己的掌控？或许是因为他们认为，既然自己的生命是父母赋予的，那他们就一定要负责到底。

当孩子想负起父母肩上的担子，将他们从神的位置转移到人的位置，开始直面父母的不完美，停止试图改变他们以获得自己想要的东西时，才在真正意义上完成了心理独立。 在这个旅程中，孩子将解决生命中的心理独立问题，找到"我是谁"这个问题的答案。可惜的是，建立稳定的依恋关系的初期并不会很顺利，但父母要意识到第二次机会完全取决于我们自己：学会如何满足自己，如何成为孩子需要的父母，避免重蹈自己父母的覆辙。

实现心理独立的第一步是从父母那里开始的。这并不意味着要与父母断开联系或忘记过去，而是要学会在父母的支持下，独立思考和决策。我们需要承认父母对我们成长的帮助，同时意识到他们的意见和期望可能与我们的价值观和目标不一致。对于这种情况，我们需要学会保持尊重和理解，也要坚定地表达自己的想法和需求。在这个过程中，我们需要注意自己的情感反应，应该发自内心地感激父母，同时承认他们也会犯错。我们还需要选择最适合自己的距离和位置，这就是心理独立的本质。

在本章中，我们将探讨在实现心理独立的过程中会遇到的问题，并讨论作为父母和孩子应该具备的态度，以便让每个人都能够成为自己生命的主人，自主掌控自己的生活和未来。

父母给予生命,人生要靠自己

选择成为父母

考虑到父母对孩子的影响力,成为父母确实是一件非常严肃的事情。韩国当下的低出生率问题,可能与飙升的房价、青年的高失业率、无法克服的贫富两极化等经济因素相关;但从心理层面看,人们也带着拒绝代际传递的观念——"我的生活并不幸福,不想看到孩子也是这样。""我很难为孩子创造良好的生活条件。"

这种想法乍一看可能是负责任的表现,但也反映出一种过强的控制欲。作为父母过度强调自己的责任,也就意味着无法很好地区分父母、自己、孩子这三者间的关系。自己可能会在物质或精神上受到父母的影响,同时担心自己会对孩子产生同样的影响。但事实上,孩子的生活本就与自己截然不同。只有经历过自己人生的人，才能对世界做出判断。

在这种情况下，"我没有什么能做的，不生孩子更好""孩子会郁郁寡欢地活下去"等预判都只是以自我为中心的推测。相反，从生育观和养育观中，我们可以更清晰地认识自己。这是衡量我们对生活持有什么样的态度、有多少满足感的尺度，而不是衡量孩子将要面对什么样的未来的标准。如果产生了这样的想法，那我们就需要反思：自己是否把孩子看作"附属品"，以及我们和父母之间是否建立了独立的人际关系。

因此，是否要成为父母，并不是未出生的孩子的意愿，而是自己根据当前的欲望和价值观做出的判断。我们要明确这一点，并对自己的选择负责。即使选择不要孩子也没有错。但是，**不要把"为了孩子"当作借口。如果选择成为父母，就应该尊重孩子的生命，除了做到父母应尽的责任和义务，更要尊重孩子的人生——人生，只属于他们自己。**

初次为人父母

即使自信满满地想要成为优秀的父母,一旦开始就会意识到育儿的艰辛。在精神科或心理咨询中心工作时,我经常能接触到父母和孩子之间的负面互动。当父母以观察者的角度对孩子说"你不应该这么做"后,孩子会反问"那该怎么办"时,父母却无言以对。父母之所以会做出特定的行为和反应,背后往往都有复杂的原因,很难找到决定性因素。例如,一个对孩子大吼大叫的母亲,她这样做可能是因为工作和育儿令她筋疲力尽,失去了耐心;也可能是因为她饱受经济问题的困扰,不知道该如何调节自己的情绪;或者是她过度重视作为父母的责任,难以驾驭孩子的性格……"导火索"也许是其中之一,也可能是全部。

如果没能从父母那里得到积极、健康的回应,那么自己成为好父母的道路将变得更加曲折、艰难。以"爱"为名对孩子的身心施加暴力,用错误的方式给予其关心,放任不管和缺乏沟通都会扭曲对爱的信念体系。这些错误的信念扎根于我们的内心后,将以一种看不见的力量左右着我们的生活。即使我们有意识去摆脱它,甚至学习了新的方法和技巧,也不过是暂时的。因为我们仍然会反复地凭借长期的习惯做事，心理强大的惯性成了我们生活中的一块"绊脚石"。

为了成为好父母，即使认真阅读育儿理论，也会发现理论和实践相距甚远。因为书中描述的那个孩子和自己的孩子是不同的。理论是将多种现象综合起来解释的一种规律。例如，学者们通过观察多名两岁左右的儿童，得出了一个结论："两岁的孩子可以说出简短的句子。"事实上，得出的这个结论是一种"平均值"。在现实中，每个人都是独特的个体，无法完全符合"平均值"所代表的典型情况。有些孩子在两岁之前就能流利地说长句子，有些孩子的语言能力发展速度则比较慢。有些孩子可能先说"妈妈，我饿了"，而有些孩子可能先说"爸爸，陪我玩"。

在理论确立的过程中，各个现象的共性得以保留，但个体的独特性会被忽视。

因此，尽管理论可以帮助我们了解孩子的成长过程，掌握孩子发展的相对特征，但如果我们忽略孩子的独特性，试图以"一刀切"的形式套用某种理论，那么这种做法是错误的。

残酷的现实是消耗"养育能量"的另一个罪魁祸首。孩子会从父母的疲惫和不满中感到恐惧和不安。即使年纪很小,他们的幼年时光也会因此变得沉重不堪。当父母无法调动疲惫的心灵去安慰孩子时,孩子们可能会感到孤独。因此,成为好父母首先要学会自我放松,成为快乐的人。只有这样,才能保持内心的平和,理解孩子的需要,给予他们足够的关爱和支持。

但是,并不需要过分自责,认为自己不是好父母。提出"客体关系理论"的唐纳德·温尼科特说过,足够好的母亲并不意味着她是一位完美无缺的母亲,而是指那些平凡的普通妈妈。她们会对孩子微笑、发怒,或是拥抱……孩子的心理和情感发展需要一个稳定和安全的环境,与孩子相处时,他们需要感受到父母的持续关心和支持,而不是一时的言行。

作为父母,应该具备多元化思维,从多方面、多角度看待自己的孩子。为此,要根据孩子的实际情况,关注他们的成长和发展,成为照亮他们前进道路的镜子。总之,**成为自己和成为好父母可以说是一个事物的两面。当你能看到自己的时候,你就能看到孩子。**

智慧地传递善意

来看一个父母的善意与孩子的需求不符的例子。

韩国有些被称为"脸蛋天才"的明星，如元斌或车银优。他们的父母为了避免孩子变得高傲自大，从小就会对孩子说："你不帅，像你这样的人很多。"虽然这些孩子最终成了明星，父母的谦虚也成了美谈，但我们可以从其他角度探讨这件事。

当周围人的反馈与父母的反应不一致时，可能会让年幼的孩子感到困惑。他们会渴望得到父母的认可，或者变得过于关注自己的外貌，低估自己内在的潜力。当然，这只是一个假设，我们无法知道这些演员是如何接受那些话的。但这个例子还是很有趣的，值得我们思考。

还有一个有趣的故事，来自日本著名演员树木希林和她孙子。据说树木希林的孙子因为外貌出众，受到了周围很多人的关注和赞扬。与努力无关，吹捧天生的外貌虽然不是好的称赞，但是漂亮就是漂亮，不然要怎么说呢？我们不能否认美是一种普遍存在的概念，被广泛接受和认可。人类对美的感知和判断更是一种本能。

有一天，树木希林对她的孙子说："人们都说你很漂亮，很可爱，对吧？但是如果你一直保持这种状态长大，你的性格可能会变得不好，朋友们就会讨厌你，所以你必须要做个好孩子。这样可爱的外表和善良的心灵就会结合在一起，你就会成为更好的人。"

这句话虽然有些粗糙，但也成为反映现实的一面"好镜子"。她既承认了孙子出众的外貌，也点明了由此衍生的缺点。比任何人都爱孙子的奶奶是想告诉他，漂亮的外貌会引起称赞，也会引起嫉妒和猜忌，要警惕自满，更要谦虚自抑。此外，这句话也以孩子的视角说明内在同样重要。在树木希林温暖的话语中，藏着这样的信息："漂亮固然好，但这并不是全部。好人的标准不仅仅是美貌。在评判别人时，美丽并不是全部。善良的心与美貌无关。"

虽然孙子可能不了解这句话的含义，但他也许会感到宽慰吧。在过去，当他因为外貌受到称赞时，可能会有一种不安的想法："人们只是因为我漂亮才喜欢我，长得丑的人是不好的。如果我很丑，人们就会讨厌我。"

无论是好还是坏，只关注儿童的某一方面发展，容易导致其他特质被忽视，这对孩子的成长是非常危险的。当家长或者教育者只关注孩子的某一方面特质，比如外貌或某个领域的天赋时，孩子可能会因此遭受过多的社会压力和期望，而导致身心健康出现问题。这是因为除了那些卓越的特质之外，孩子在情感、欲望、脆弱性等方面的其他特质往往没有得到足够的认可和支持，也没有得到充分的发展和整合。

只注重某一方面的特征，会让人们看待他人的视角变得单一，无法真正理解和认识对方的多重特点。当人们内化了"美好与丑陋是二元对立的"这种思维模式时，就很容易用同样的标准来评判他人，无法从多元、立体的角度看待世界。

同样地，树木希林对那些被视为缺点的特质，以自己独特的方式进行了极致的解读。有些孩子天生就比较胆小，他们很容易受到外界的批评和担忧，比如"在这个危险的世界里你怎么生存？""你的胆小像谁？""他太胆小了，我很担心。"父母在心怀恐惧的同时，也会将这种不安转嫁给孩子，使得孩子的潜力被削弱。但是，树木希林却通过自己的经历告诉孩子们："那其实也是一种好的特质，因为这表明你很谨慎。"她试图让孩子们认识到，每个人都有自己的优缺点，人类的本质就是如此。

"贴标签"的危险性

在孩子幼年时"贴标签"会对他们的自我价值感和自尊心造成负面影响，抑制他们的潜力和发展。有一位女性患有饮食障碍，她最不喜欢听到妈妈让她吃饭的声音。因为体质不好，她对食物的味道很挑剔，食欲也不强，母亲说过的话却给她留下了深深的"烙印"："你连奶都吸不了多少。""喝点牛奶就会吐，真是为你操碎了心。"

当然，孩子不好好吃饭，作为母亲来说，她的担忧是无法用言语表达的，其中也包含着对孩子的爱。然而，这些话更多地聚焦于母亲自己的愁苦和疲累，而非表达对女儿的关心和爱护。女儿可能会因此感到不悦，甚至感到愧疚，这是母亲根本无法想象的。但是如果母亲相信女儿能够理解自己的真正意图，那么母亲就没有将自己与女儿分开看待。

父母和孩子之间的距离越小，孩子受到父母的影响就会越大。父母给孩子贴上"挑嘴""偏食"的标签，孩子很快也会默认接受。如果在别人面前这样说，更会对孩子的自尊心和自信心产生负面影响。在这种情况下，即使他们有想吃的东西，也不会自己夹取，逐渐成为和"标签"一样的人。长大后，就算已经不再挑食，可以吃肉、鱼和蔬菜,但在父母面前,他们仍然是那副"吃饭时挑来拣去,常常消化不良"的样子。在童年时期形成的身份认同,已经深深地"烙印"在他们体内,深入五脏六腑。

每当回想起父母对自己的否定声,四周的空气仿佛被一股无形的力量攥住,停止了流动,一种深深的无力感让自己冻结在原地。在那个瞬间,你会真切地听到内在世界和外界不一致所产生的破裂声。如果有机会发出自己内心的声音,你要说:"不是的!我不总是那样的!"这样就可以调和内在世界和外部的不一致。如果直接反问:"是吗?妈妈误会了吧?妈妈的想法和我不一样吗?"就可以进一步缩小沟通上的差距。你也可以表达自己的想法,比如"我只是不喜欢吃半生的东西,更喜欢完全熟透的食物",或者"我不喜欢晚上一个人吃饭"。通过这样的互动,孩子可以更立体、更具体地认识自己。在这个过程中,孩子也会逐渐建立对自己的身份认同,对"自己是谁"有一个更为明确的认识。这个身份认同不仅可以帮助孩子更好地理解自己,还可以让他们更好地适应不同的环境和人际关系。

这种调和能力是孩子生活的基础。世界并不总是如你所愿,也有很多事情是无法控制的。即便如此,在决定性的时刻,支撑我们生活的原动力,是与世界连接相通的记忆。

每个人都需要"健康的内在表征"

孩子寻找内在声音的过程中,很大程度会受到父母早期教育的影响。很少有孩子能自己找到自己的声音。当孩子鼓起勇气说出自己的内在声音时,会因为父母说:"哦,这不是什么大不了的事吧?"导致内在声音一下子消失不见。然而,我们也不能因此一直责怪父母。因为我们不能强迫他人与自己产生共鸣,说出符合自己心意的正确答案。最终,成为大人也许就是寻找自己声音的过程。

心理咨询师在某种程度上扮演着"父母"的角色,帮助来访者说出自己的内在声音。来访者对咨询师抱有一种幻想,希望咨询师能成为那个100%理解自己,并给予共鸣的"理想父母"。但是,在现实世界中,这种幻想是不可能实现的。父母也好,心理咨询师也罢,应该具备的素质并不是完美的共情能力,而是承认彼此的差异,并能应对调解失败的能力。

无论多么相爱,多么相互理解,隔阂都不可避免。而填补这种隔阂的"安全气囊"并没有以实物的形态存在。当内心世界与外部不一致造成冲击时,"健康的内在表征"就是保护自己的安全装置，可以帮助我们对自己和他人做出判断。内在表征具有立体性和整合性，可以考虑到目标的诸多方面。这可以使你在遇挫时，不会认为自己无可救药，也不会给对方戴上恶魔的面具，同时可以让这些经历对自己产生正面影响。即使在感到寒心和自卑的瞬间，你也会想到积极的一面；即使对方看起来十恶不赦，你也不会忘记留一丝怜悯和理解。

成为父母前的心理准备

当你开始以立体的思维看待自己时，你就能减少以"如果……"为开头的希望和后悔。"如果我当时这样做，生活就会不同"，这个句子包含了"只要自己改变一些，人生就会发生变化"的幻想。然而生活并不局限于那一小部分的改变，你所有的部分和你的所有选择时刻紧密编织，最终的成品就是你现在的模样。

能够完整、立体地看待自己的人，不会在别人身上添加"如果"的幻想。"如果不是这样的话，真的是个好人""只要改掉这个就完美了""如果父母这样对我的话"……这些条件句里包含着"打心底里拒绝接纳他人"的意思，是一种不现实的愿望。当然，作为一个人，完全摆脱这种想法是不可能的。但要清楚地认识到，那些终归是自己内心的产物。在你所处的现实生活中，会有很多你难以接受的不完美。

摆脱假设句的束缚，接受平凡的生活，可能才是生命的答案，或是众神隐藏的秘密。在许多以时间旅行为主题的电影中，主人公仍然选择回到过去，并欣然接受被赋予的命运。这是因为在体验过人生的分岔路之后，比起对未知生活的期待，他们已经经历了许多的挫折和磨难，并且深刻地体会到了生活的无常和珍贵，因此他们更加珍惜和感激自己所拥有的生活的每个部分。

就像选择了一条路之后，就只能放弃另一条路一样。作为父母，我们也是不完美的，也会对自己的孩子产生怨恨。所以不久的将来，可爱的孩子们也会抱怨："妈妈什么都不懂！"然后我们会责备孩子的天真，同时会感到沉重的压力。因此，必须为那一刻做好心理准备——"是的，对不起！是妈妈的错。但那并不意味着我不爱你。"

坦率承认自己的不足，仍能持续释放爱意，才是最平凡而伟大的父母形象。

即使一母同胞,也会各有不同

不想成为父母那样的人

"小时候,和弟弟相比,我受到了不平等的对待,总是很委屈。现在自己纠结要不要生第二个孩子,毕竟父母也是人,好担心不能一碗水端平。"这是某个网络论坛上一个关于"是否要生二胎"的帖子。在这个低生育率时代,养育一个孩子需要投入巨大的物质和精神资源。再加上发帖人由于小时候留下的"烙印",担心自己会重蹈覆辙,无法平等地对待两个孩子,决定是否要生二胎就变得不容易。

有些人建议说:"孩子们会自己成长的。就算是在战争时期,还是有不少孩子们出生并顺利长大。为什么要提前担心呢?"这个问题实际却并不简单。比起是否生二胎，回顾自己与父母的关系，想清楚自己"要成为什么样的父母"，每天为之努力似乎更重要。

如果这个过程被省略了，也许暂时看起来没什么问题。但是，当自己成为父母后，小时候的经历就会原封不动地浮现眼前。你会从孩子身上看到小时候的自己，会从自己身上看到父母的影子。没有被"消化"的经历会突然冒出来，也会被你不知不觉地发泄到孩子身上。"我本来是不想成为父母那样的人的……"这时，自责就会涌上心头。

老大是骄傲，老二是真爱？

对于是否要生二胎的问题，回答各不相同。一些人认为这种犹豫本身就证明了想要生二胎的愿望，如果不生必定会后悔。而已经生了二胎的人也表示很支持。在第二个孩子像一份意外的礼物降临在面前时，他们惊诧地发现孩子是如此的可爱动人，根本无法想象没有这个孩子自己会怎么样。当生下第一个孩子时，初为人父人母的他们难免手忙脚乱，没有闲心去感受孩子的可爱。但当他们有了第二个孩子时，反而有了更多的从容和耐心。他们甚至说："第二个孩子才是真爱。"

在那些"支持生二胎"的评论出现后，评论区突然爆发了"口水战"。一些人开始抱怨："如果第二个孩子是真爱，那第一个孩子算什么？"随之而来的是一系列抱怨。但是，在有人评论"第一个孩子是父母的骄傲"的时候，一些人开始坦诚地承认，为了成为父母的骄傲，他们从小就承受了很多责任和压力。他们不仅要包容自己的弟弟妹妹，还要承担照顾他们的责任。

于是，作为家中次子的网友也表达了他们的烦恼。他们说自己用的都是第一个孩子用过的物品，经常被哥哥姐姐欺负，父母对此并不知情。当争议变得愈加激烈时，似乎达成了"只生一个"的共识。还有一些独生孩子也吐露了自己的痛苦：因为没有可以分享苦恼的对象而感到孤独；一旦父母去世，自己就好像被丢弃一样，将独自一个人留在世界上；也许还会因为"独生子"这个标签，承受来自社会的偏见，被误会是不懂事、自私的人。

无论出生顺序怎样，也不管是不是独生子，每个人都有自己应处的位置，也都肩负着属于自己的那一份责任。 阿尔弗雷德·阿德勒是一位个体心理学的倡导者。他认为个体在社会活动中的目的是克服自卑，追求个体的完美和生命的意义。换句话说，阿德勒认为自卑感是激励人类前行的最大源泉，并认为家庭中的排行位置会影响兄弟姐妹的性格和行为。人们会本能地衡量自己的位置，明白自己拥有什么和缺乏什么。而在努力弥补不足的过程中，人们才会认识到自己是谁，继而激发进取心，不断得到成长。

阿德勒根据孩子的出生顺序，提出了普遍性格特征。一般来说，第一个孩子在老二出生之前，独占全家人的关注和爱护，像国王一样生活；但当弟弟或妹妹出生后，他就会自然地被排斥在外，被父母要求表现得更加成熟，不能再像孩子一样做事。因此，老大站在"废黜之王"的位置上，为了得到父母的认可而孤军奋战，并带着这样的宿命成长。

相反，老二通常会感到兄弟姐妹之间的相互竞争，并且把老大看作竞争对手。因此，哥哥姐姐做什么，他就会模仿着去做，有时还会抢夺他们的玩具。通常情况下，老二比老大成长得更快。他们说话、写字、走路都比较快，开始吃固体食物也更早，并且可能有更大的野心和冒险精神。另一方面，最小的孩子可以独享父母的宠爱，不担心自己的地位受到其他兄弟姐妹的威胁。但是，他们有可能会形成自我为中心的性格，也有可能认为自己不如哥哥姐姐，从而感到自卑。

心理上的出生顺序

然而,比起实际的出生顺序,更重要的是心理上的出生顺序。事实上,前面列举的特征更适合描述心理排行位置对兄弟姐妹性格的影响。无论实际出生顺序如何,父母有可能在与孩子的互动过程中,始终给孩子强调他的特定"角色"。比如,一个女孩的哥哥身体不好,患有先天性疾病,父母就会经常告诉她:"你要变得很好,以后要帮助哥哥。"

当然,作为家庭,我们有必要教导孩子如何互相帮助和依靠。但是,这对父母只是着急让女儿分担自己的压力,没有顾及女儿的内心感受。如果女儿表现出不喜欢的态度,就会被指责:"家人间互相帮助是理所当然的,你太冷漠、自私了。"她虽然承受着沉重的负担,但为了不辜负父母的期待而加倍努力;有时想回避生病的兄弟,就会被罪恶感所折磨。对于这个女孩来说,与实际出生顺序不同,她在心理上扮演着排行老大的角色。

自己在家庭中扮演何种心理角色,由此产生的态度将对生活产生相应的影响。如果能意识到这些,将对你建立自己的家庭产生非常重要的影响。有时,人们会无意中将过去的伤痛投射到孩子身上,以至于过度情绪化，或是对孩子倾注错误的关爱。

有位女性作为长女无法向父母表达自己的需求和感受，一直觉得很委屈。当她怀上二胎后，很快因为对大女儿的歉意而内疚、哭泣——尽管大女儿还小，但很快就会有一个弟弟/妹妹出生并夺走她的爱。她因为怀孕而身体不适，对大女儿产生了不满情绪，之后感到非常抱歉，于是不停地抱着大女儿，以致腰部受伤。

在她心中，两个孩子已经被设定为竞争关系，需要分享父母的爱和关注。这种想法很有可能来自她童年的经历，和父母的教育也不无关系。虽然无法预测两个孩子将来会建立什么样的关系，但是如果母亲以"兄弟姐妹之间存在竞争关系，一方必定会吃亏"这种心态对待孩子，那么两个孩子也可能受到母亲态度的影响，相互嫉妒、压制。

当然，竞争和争吵是兄弟姐妹关系本质的一方面，但作为互相帮助和依赖的伙伴也是常见的。因此，在这种情况下，人们可能会陷入过去的伤痛，忽略了关系的整体性。如果希望两个孩子相处融洽，那么与其从"爱被分享就会减少"的观点看待问题，不如从"虽然会争吵，但懂得分享爱的家庭才更好"的观点出发，营造一个充满爱和尊重的家庭环境。

另外，对老大萌生的疼惜之心，其实是对幼年时期的自己的怜悯与同情，投射出了当时的委屈和不满。其实，怀着身孕照顾孩子本身就很辛苦，有时很难调节情绪，这些并不是什么错事。对老大过度投入感情，是因为不能把小时候的自己和这个孩子分离开。如果对老大感到抱歉，可以向孩子说明情况并道歉。此外，要知道生气只是在困难的情况下情绪调节的暂时失败，不是肚子里的孩子夺走了爱和能量。同时，还需要考虑自己的身体状况，必要时寻求周围人的帮助，积极调整工作。

将情绪调节问题的责任归咎于次子，则是因为无法将情绪的主体——母亲和腹中的孩子分离开。为了不将自己的伤痛传给孩子，首先要抚慰自己的创伤和痛苦，摆脱"我的孩子也会过和我一样的人生"的想法，振作精神，鼓起勇气，告诉自己"我的孩子会过上不同的生活"。

孩子不是家庭的"附属品"

当鼓起勇气，走上父母的道路时，可能会有一个令人不安的问题一直跟随着我们："我的父母到底为什么会那样做呢？"

都说成为父母后就能理解自己的父母，但成为父母后的我们也会有难以理解的时候。虽然每只手指一咬都会疼，但总会有疼得最厉害的手指。也许是人之常情，作为父母，我们可能会把更多的关注给予需要的孩子，也希望多留一分钱给他们。但是，对于那些认为十根手指只不过是身体一部分的父母来说，他们并不在意每根手指的特点。有时就算要牺牲一根手指照顾另一根手指，他们也不认为有什么问题。

沉溺于家庭共同价值观的父母对孩子的特点、愿望和情感毫无感觉。他们认为家庭和平最重要，将不需过度关注孩子的"份额"分配给其他孩子也是理所当然的。这些父母可能完全没有意识到自己正在歧视孩子。在父母看来，每个孩子都是一样的。因此，他们会辩称："我是一视同仁地爱他们，从未做过任何区别对待的事情。"从他们的角度看，这个说法并没有问题。他们甚至不能想象两个被视为家庭"附属品"的孩子可能会互相嫉妒和憎恨。

也会有人认为"孩子不可能不知道父母想要守护家庭的用意。如果不知道这一点，就说明孩子不懂事"。虽然孩子是我们的，但是他们拥有与我们不同的想法和情感，所以前面的概念本身就不正确。

那些忽视孩子个性，优先考虑家庭共同价值的父母，很容易以出生顺序为武器维持家庭秩序。"你是大哥,所以要让步""不能顶撞哥哥""既然是老大,就应该更勇敢,怎么能不如弟弟",等等。

父母把自己的想法赋予孩子,并将其与其他孩子进行比较是危险的。小时候受到父母歧视的记忆,即使长大成人也会成为伤痛,对人际交往与互动方式也会产生很大的影响。输不起游戏的人、被超车后试图报复的人、无法表达自己情感的人、当三个人在一起时害怕自己被排除在外的人等,这些问题的症结,往往可以在兄弟姐妹间未能解决的竞争焦点中窥见痕迹。

让家庭变成孩子绽放个性的庭院

在教育孩子和建立家庭秩序时,并不需要将出生顺序等逻辑混入其中。出生顺序决定的角色逻辑只会激起孩子的反感,成为兄弟姐妹间矛盾的主要原因。如果要教导孩子规则和秩序,只需要告诉他们这些行为的重要性,而不必考虑出生顺序。与其说"你是哥哥,怎么能这么挑食?看看弟弟,吃得多香啊",不如说"吃得均衡可以让你更健康哦"。此外,不要用比较的方式,例如"像哥哥一样整理玩具",而是要教导他们"自己玩的玩具，要自己整理好哦"。

如果感觉不到对孩子说话的分量，就有必要站在孩子的立场上换位思考。父母经常毫不犹豫地说"其他孩子都是这样……"但是对于年幼的孩子来说，爸爸妈妈是独一无二的，不是可以与其他人比较的对象。无论父母是谁，孩子都需要父母的爱。如果自己的孩子说："谁的妈妈都买这个买那个，你为什么不给我买？"听到这个，会有不被伤到的父母吗？如果孩子抱怨这种事情，父母会不会辩解说"不可能每个人都一样，而妈妈会尽力而为"呢？

他是他，我是我。孩子也不可以被贴上为"大"儿子和"二"儿子的称呼。孩子们都有自己的特点，每个人都希望被尊重。更何况，谁都不想被最亲近的家人比较和指责。

然而，在孩子之间始终应用机械的公平原则也并非明智之举。每个孩子都有适合其年龄段的发展过程和天生的性格难题。10岁的孩子和5岁的孩子应该分别授予不同的生活规则、责任和权利。**区别对待不是歧视，而是承认差异，并在承认差异的过程中产生权威和秩序。**因此，与其将孩子局限于出生顺序的条条框框里，不如关注他们各自的特点，并支持他们发扬个性，这才是父母真正要扮演的角色。

出生在这个世界上非我所愿

"对不起,我爱你。"

这一句话本来就足够了……当孩子提起过去的错误,父母却不愿意承认时,孩子会意识到父母也只是不完美的人而已。心里越是愧疚,就越想要掩盖自己的错误,这或许是一种非常自然的反应。"我都是为了你,你怎么能不懂父母的心,说出那种话呢?"孩子很有可能受到父母这样的指责。一瞬间,孩子会切身感受到难以摆脱的家庭重压:"受伤的是我,为什么这种负罪感也要我来承担……"

就像父母不能强制选择他们所期望的孩子一样,孩子们也不能选择父母。因此,有些人称之为天命。就像我们无法预测天上的雨滴会落在哪里一样。虽然父母可以制定二胎计划,但谁也不知道会生出什么样的孩子。

但很多父母误以为,既然是他们生的孩子,就能完全了解孩子,并满足孩子的愿望。他们也坚信自己和孩子总是站在同一立场上,总是按照自己的意愿塑造孩子的人生。

对于孩子来说,违背父母的意愿就像对抗天命一样沉重。因为这意味着否认自己存在的根源,会让他们产生巨大的罪恶感和恐惧感。那些怨恨父母的人,总是陷入自我怀疑:"我是不是做错了什么?""我是不是不应该来到这个世界?""我是不是应该更加努力?"

想象中的父母

为了得到父母的认可,所付出的努力到底是为了什么呢?

也许这些努力是源自一个愿望——孩子渴望找回不存在于现实中的理想父母。被限制在父母设好的框架中,从未以独立自主的个体来建立关系的孩子很难客观地看待父母。因为距离太近,无法更清晰地看到对方。犹如管中窥豹,只能看到其中的一部分,而其他部分将用想象的画笔填补、着色。现实中的父母越令人不满意，想象中的父母就越趋于完美。这是一种极度缺乏安全感的表现。

在这种想象中，父母是温暖、和蔼、理想化的成年人形象。即使没有真正体验过，他们也一直怀抱着这种理想化父母的形象生活。跌倒擦破膝盖，不自觉地喊妈妈的时候，那个想象中的妈妈就会温柔地走过来，轻轻地给自己上药，安抚自己受惊的心灵。而现实中的妈妈，即使你做得很好，也只会说："这是你应该做的，你为什么连这点事都做不好？"

当然，妈妈的责备可能是在表达关心。如果和父母互动良好，对父母也有完整的认识，就能自然地接受现实中的妈妈其实具备以上两副面孔。

然而，在缺乏安全感的状态下，这种矛盾很难忍受。没有在现实中得到的爱和关注，通过补偿心理形成了牢固的理想标准："作为父母，这不是理所当然的吗？他们怎么能这样对我呢？"随着理想标准的提高，现实中的父母与自己内心中的形象会产生分歧。而随着年龄的增长，孩子与父母在物理、情感上的距离逐渐拉大，曾经忽略的父母的真实形象自然显露出来。孩子也会意识到自己永远无法从父母那里得到想要的爱和关心。父母以他们的方式给予爱，但这种爱的形式并不是孩子所期望的。随着父母坚定地认为自己的方式没有错，孩子也很可能相信只有自己所期望的方式才是正确的。因为他们只能从自己的角度看待彼此。

成长为"精神孤儿"

来看一个案例。

"都是因为你我才这么辛苦。"

"我们本来就生活不宽裕，还要为你经受这些苦难。"

"如果你让我失望，我就没有活下去的意义了。"

这些话伴随着一个孩子的成长，但他没有怨恨，反而总是努力以最正面的方式理解父母的话："即使在困难时期，他们还是选择了我，这意味着我很珍贵。""虽然很难，但他们还是爱我的，所以我要坚持下去。"为了理解父母的心，他甚至不知道自己的心受了多少伤害，可他依然坚强地长大了。

这个孩子曾经认为自己的存在是让父母不断受苦的原因，因此他在成长的过程中带着一种必须偿还这份债务的使命感。他必须证明自己是个有价值的人。出于不想让父母受更多苦的考虑,他不断地磨砺自己,减轻生活的负担,即使有想要的东西也不说出来,为了让父母高兴而努力学习,同时独自承担了许多困难的任务。他从未表达过"自己也很辛苦"的事实,而是认为作为孩子应该听父母的抱怨。尽管在物质上父母会满足孩子,但在心理上却是孩子在照顾父母。

因为要在父母面前始终保持良好的态度,他从未感到与父母在情感上有任何亲近感。从小接收父母的抱怨,使得他从未把父母当作可以信任和依靠的对象。成年后他也一直处于"精神孤儿"的状态,父母似乎却找到了安稳的生活。

用沉默维护家庭和平

成年后,这个孩子仍然不想责怪父母。虽然自己用沉默维护了家庭的和平,但他认为这是自己的选择,所以没关系。不过,他的心里对父母也有一丝期待,希望父母能够理解自己。只不过他认为,只要表达自己的想法,父母就会理解,现在这样只是因为他没说而已。事实上，他仍然无法放弃对父母形象的幻想。

他毕业于名牌大学，拿着奖学金踏上了留学之路。他的父母感到很满足，把儿子的成就当作奖杯，仿佛自己的人生得到了补偿。然而，留学生活并不像想象中的那样容易。他的研究一直处于停滞状态，与导师的关系也变得紧张，无法确定自己能否顺利毕业。他的健康状况也每况愈下，甚至连伸直腰都很困难。

尽管如此，他还是忍了又忍。如果没拿到毕业证空手回韩国，对他来说，仿佛是人生彻底失败了。最终，他患上了抑郁症，认为与其这样生活不如一死了之。他决定在死之前按自己的想法生活一次。他打算放弃学位回到韩国——他想回到有关心他的家人和朋友的地方。

他在留学生论坛找到了一篇放弃学位的帖子，有很多人回复说他们也是中途放弃了学位，但世界并没有因此崩塌；还有一些人分享了他们在找到新出路后，过得也很好的故事。其中一篇与母亲相关的帖子特别触动他的心。发帖人说当她想放弃留学时，她的母亲回应道："没关系。我的女儿辛苦了，妈妈很清楚。妈妈会一直相信你。你随时都可以回来。"

有勇气放下父母的期望

他鼓起勇气,第一次向父母倾诉自己的困难。但是,当他开始讲述自己的故事时,和平的家庭和想象中的父母形象同时破碎了。

"再忍一忍。"

"生活对每个人都很艰难。"

"放弃又能做什么呢?生活并不那么容易。"

在他的心中,随着什么东西"啪"一下断裂的声音,一直支撑着他的一线希望轰然倒塌。一直以来,他没有说出自己的困难,因为他对父母的爱坚信不疑。但是他现在意识到,想象中的父母的爱一直压抑着自己。他一直在为了父母所期望的生活而努力,而不是为了自己想要的生活。

然而,他并没有放弃。如果是平常的话,他可能会继续保持沉默,但这一次不同了。当他感到自己的心好像在慢慢枯萎,走向死亡。像被逼入绝境的老鼠向蛇扑过去一样,他再次鼓起勇气对父母说:"就不能对我说一句'没事,辛苦了'吗?"这是他最想听到的一句话,但这个愿望却没有实现——"我是因为担心你过得不好!"

妈妈的话真的都是完全为了孩子着想吗？他也想相信妈妈的话，但在他下定决心回到韩国后，他开始意识到，妈妈说的话可能都不是真的。他想回老家，但父母告诉他如果留在那里很难找到工作，要他在首尔租房子。他们还说："如果被邻居们看见了，他们会怎么说？"

他捂着疼痛的腰，独自躺在公寓里，接到了父母的通知。他们告诉亲戚他这次回来是暂时的休学，让他心里有点数。他终于看清了自己一直不愿意承认的真相："这不是为了我，是为了爸妈自己。也许他们也不知道是为了他们自己。"

他所期望的那对理想父母在现实中并不存在。"如果我做到了，他们会改变吗？""如果他们知道我的处境，会理解我的心情吗？"这些都是毫无意义的假设。父母不会改变，随着年龄的增长，改变生活态度会更加困难。所以现在，我们可以放下"父母怎么会那样"的疑问了——因为，**这就是父母的样子。他们虽然以自认为正确的方式爱我，但如果这样的爱让我过于痛苦，我就必须保持距离。**

他的醒悟并不仅仅是令人悲伤的。他现在已经是一个成年人。没有父母，他也不必担心如何生存，也不是非要得到父母的关注和爱不可。他意识到即使不是父母，也有人可以填补他所需要的爱和关注。他意识到，即使不依赖任何人，只要下定决心，就可以满足自己的所想所愿。

"你真的辛苦了，你坚持了下来，现在可以休息一下了。"

当他决定自己填补自己所需的东西时，他就摆脱了父母的束缚，得到了今后过自己的人生的勇气。

每个人的人生都只有一次

和父母意见相左时

"怎么处理父母反对的婚姻?"在人生的重要十字路口,有些人因为父母的反对而苦恼。不能放开自己爱的人,也不能伤害父母的心。这可能是比任何残酷的选择都要糟糕的时刻。如果父母和自己的想法一致,那就再好不过了。但是,当你反抗父母的意愿,选择自己的道路时,会难以克服内心的罪恶感和不安感。

虽然有句话说:"没有赢过孩子的父母,岁月也会站在孩子这边。"但现实并不总是如此。许多顽固的父母在孩子成年后,仍然把孩子视为小孩,希望他们屈从于自己的意愿。在过去,父母去世后,人们会自然而然地摆脱了对父母的情感依恋;但在人均寿命较长的现代，父母可能会成为影响孩子一生的阴影。

不仅在婚恋问题上，甚至在职业选择上，许多人都会根据父母的要求放弃自己的梦想，并后悔没有坚持追梦，进而责怪父母。他们会幻想：如果能勇敢追求自己的梦想，肯定比现在好得多。"你必须这样生活！""你必须拥有这样的工作，才能让妈妈幸福！"那些不断被灌输这种信息的孩子们，往往无法想明白自己真正想要的是什么。他们只是按照父母的要求生活，认为这就是正确答案，直到走上了不符合自己意愿的道路，才会回头看看自己的人生到底是属于谁的。

你的人生应该是你自己的，父母的人生也应该是为他们自己而存在的。那些说"我为了你，牺牲了我的人生"的父母，实际是无法接受他们投入精力养育孩子就是他们自己做出的选择这一事实。因为不能接受自己的选择，他们会感到委屈；而感到委屈时，就希望得到回报；如果不能得到回报，就会产生受害者意识。因此，就会出现这样的说法："我是怎么含辛茹苦把你养大的，你怎么可以这样对我？"

严格来讲，父母和孩子其实也是"外人"。虽是理所当然的事实，也会让人感到不舒服。当然，父母和孩子是最亲近的骨肉关系。但是这里所说的"外人"是指除了"自己"之外的所有人。不是"我"的人都是外人，父母也不例外。父母不是孩子的替身，孩子不能成为父母的分身。父母和孩子都具有独立人格，所有的关系都是通过"你"和"我"这两个独立人格之间的相互作用形成的。

如果父母忘记了这个显而易见的事实，把孩子和自己等同起来，甚至把孩子视为自己的延伸时，孩子就会苦恼如何与父母分离。因此，每当发生意见冲突时，父母就会气得跳脚："你怎么能这样？"但孩子也会反问父母："如果妈妈爱我，怎么会这样对我呢？"

然而，父母和孩子都有选择不同道路的自由。成年的孩子有权选择自己的道路，父母也有权反对。但父母是在过自己的生活，孩子也是在过自己的生活，没有人能代替别人的生活。如果有人出于顺从心态说："我不能让父母失望，我会按照他们的意愿来生活。"那么，他需要反思是否按照父母的意愿生活是自己真正想要的。每个人的人生都只有一次，没有来世。即使出于宗教信仰相信有来世，也不会以同样的生活方式延续现在的身份和生命。

无论哪一种，最终都是自己的选择

这并不是说要无视父母的意见，无条件地按照自己的意愿去做才对。有时父母的反对意见也是合理的。作为人生的前辈，他们会将预想到的现实困难提出来，也会真挚地给予忠告。对此，我们应该在充分考虑后制定出符合现实的对策，也要回头看看自己是否可以承受最终的结果。也许在经过一番苦恼之后，会认为听从父母的意见才是更好的选择。

即便如此，父母的意见也仅仅是参考，最终做出选择的是你自己。如果"感觉父母的意见也有道理，但做出选择后，可能会很难接受结果"，或者"听从父母的意思会让我感觉轻松，并且我认为这样会更幸福"，那么无论选择哪个都没有关系，只要勇敢承担责任，过自己选择的生活就可以了。

"父母说我不听话他们就会死，我实在没办法啊。"不得已听从父母的意见做出选择后，你可能会在接下来的日子里，一直后悔和怨恨这个选择，最终可能无法过上真正属于自己的人生。即使父母真的受到足以让他们倒下的打击，这也是他们应该承担的责任，没有人能代替他们承担。同样地，对于这种罪恶感，孩子也应该承担自己的责任。当你愿意做出果断的选择,并承担起沉重的责任时,就说明你已经准备好成为自己人生的主人了。

那些缺乏自信又无法与父母分离的人,会巧妙地打着父母的旗号淡化自己的不安,试图推卸责任。例如:"我的父母反对我结婚,因为他们对女方的职业不满意。"

如果对这段感情有信心,可以更明确地向父母表达:"经济方面我负责,而我的伴侣好好地照顾家庭就可以了。"然而,如果缺乏自信又与父母的意见相合,父母的话就会加剧他们的心中的怀疑:"不知怎么的,我好像吃亏了,感觉会很辛苦……"这种负担会让他期望对方做更多的事情。

每当这时,他就会以父母为借口,和对方说:"我的父母不喜欢你的职业,所以不喜欢你。"他试图把自己变成夹在恋人和父母之间的悲剧主人公。而他却对自己所爱的人说:"如果你有更好的工作,就不会发生这种事情。"这种自己都无法承担责任的爱情,即使不是因为父母,总有一天也会产生裂痕。

给孩子最好的支持

一位女性诉苦说,自己每次交男朋友,妈妈都还没见过就觉得不合适。"个子矮""印象不好""学历不怎么样""八字不合""婚后去婆家会很辛苦"……妈妈反对的理由也是千奇百怪。即使让她见一次面再进行判断,妈妈也会坚定地说:"这个对象只能谈恋爱,结婚对象得让我来选。"女儿虽然觉得妈妈的态度不妥当,但还是说:"可能是因为妈妈太爱我了吧,在妈妈眼里,我是最宝贵的。妈妈在结婚后吃了很多苦,所以不想让我再受苦吧。"于是女儿下定决心,尽可能找到让妈妈满意的男朋友。

如果女儿和妈妈满意的人结婚,到底开心的是谁呢?妈妈怎么能坚信"这是为了你好"呢?难道妈妈有"千里眼",可以看到女儿的未来?

家人之间很容易侵犯彼此的界限,甚至双方都没有认识到那是错误的。当然,妈妈也有表达想法的自由。但在这种情况下,还是要尊重自己和他人之间的那道界限。用"都是为了你好"这样的话掩盖自己的欲望,并自信地越过那道界限并不妥当。

"谁会比妈妈更关心你呢?"

"你没有看人的眼光,只要听妈妈的话就行了。"

这是一种越过界限的反应。父母对孩子生活在什么样的世界,追求什么样的价值漠不关心;甚至为了坚持自己的主张,限制孩子发展的可能性,给孩子种下一颗否定世界和他人的"信念种子"。如果真的是为了孩子好,就应该建议孩子与能够互相帮助的人交往,建立良好的关系,并希望他们拥有找到适合自己的人的智慧和眼光。

"妈妈有点担心这个问题,你要认真考虑一下。"

"如果你和这个人结婚,妈妈认为会很好,考虑一下妈妈的意见吧。"

在这些话里,主语都是"妈妈"。明确表明这是母亲的想法,明确自己和孩子之间的界限。并且,父母在给出建议时,不要忘记选择的主体是孩子。这里需要注意的是"是否真正尊重孩子的选择"。即使孩子与自己意见相左,也能尊重孩子的选择,才是真正地表达了"请求"的意愿;如果不能,那实际上就是在软性强迫孩子。哪怕用词柔和,也不意味着就能把话语中的"强迫"之意变为"请求"。

那么,对于不顾父母的担心和忧虑,坚持自己道路的孩子,可以说些什么呢?

"这是你选择的路,你自己看着办吧。以后就算后悔了,我也没办法。"

"那就等着瞧,看看你选的路到底有多好。不听老人言,吃亏在眼前。"

如果真正希望孩子幸福,想让孩子依靠自己,并与孩子分享自己的生活,那么作为父母,应该好好调节自己的担心和不快。

"你选择的路看起来会很艰难。但是你要相信自己,要竭尽全力。我会永远为你加油,即使你失败了,我仍然爱你。"

父母如此不断传递出爱和信任,才是孩子肯定自己、走好自己人生的动力。

依恋是连接情感的纽带
只有当养育者将孩子视为
独立而平等的个体时
才会形成健康的亲子关系
不是像"连体婴儿"一样生活
也不是两个人完全分开生活
而是一个面对面的
心意相通的关系

第二章

自己，
偶尔也会感到陌生

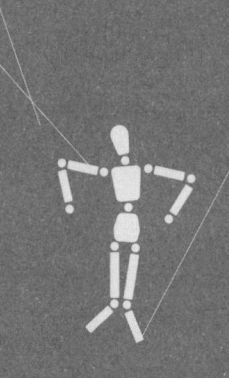

当不知道自己是谁,没有意识到自己是生命的主人时,就会感到生命受到外部条件的支配,无法控制自己的情感和行为:"我不知道我是谁。""我不知道自己想要什么。""我不知道感受到的是什么。""我也不知道如何调节情绪表达情感。"因此,对于那些缺乏自我认同感,对自己身份感到困惑的人而言,必须首先探究情感的本质,以恢复对"自我"的感知。

情感是对外部刺激产生的一种自然反应。当人们面对不同的事物、环境和人际关系时,当下的情感会自动被激发出来。也就是说,情感经验是衡量自己欲望状态的标尺。当欲望得到满足时,会产生积极的情感;否则，就会感到消极。**因此，遵循情感的线索，我们会知道自己想要什么和不想要什么，也会了解自己真实的欲望。**

尽管情感是与"我"相关的重要线索，但我们经常忽视或无视情感的表达，甚至产生厌恶。特别是在重视集体主义价值观的东方国家，情感表达被视为不成熟的表现，或者认为情感表达会对他人产生负面影响，因此遭到人们的极度厌恶。这种社会压力妨碍了个体自由感受情感，也阻碍了人们学习"适当"表达情感的技巧。

在表达情感方面，把所有的情感倾泻出来，或是单方面地压抑情感，都不是有效的方式。对某些刺激产生情感是一种本能的反应，但这种表达必须得到控制。然而，许多人混淆了前后者的界限。因此，有些人感受到抑郁、焦虑、孤独、绝望等负面情感，却希望通过心理咨询的方式在内心消除它们。这是不可能实现的。

情感是自然而然产生的。因此，消除情感是不可能的，但你可以学习调节和控制情感。有些人认为情感自然而然地发生，就应该表达出所有的感受，即使这会导致负面影响或对他人造成伤害，也不是自己的责任。当然，感受情感应该是自由的，你可以说"这是我的感觉"。但是，这种自由必须伴随责任。对于他人来说，他们也有自己的情感，人与人之间在心理上会相互联结，产生共鸣。"适当"意味着寻找一个恰当的平衡点，在合理的范围内进行，以确保双方都可以感到舒适和安全。

将情感倾泻出去和单方面的压抑情感，表面上看起来完全不同，但它们的共同点在于没能从根本上与外部世界建立联系。当看到那些肆意发泄情感的人时，我们往往会愈加想要回避，而不是试图理解他们。而看到那些压抑情感的人时，我们根本无法知道他们在想什么，也很难接近他们。最后导致的结果都是他们无法与他人进行更进一步的情感交流。实际上，这两种方式就像硬币的两面紧密相连，压抑情感的人往往会没有预兆地爆发，一股脑儿地宣泄情感。

内在的情感需要与外部建立联接和沟通。如果做不到，则会积累负面情绪，并消耗越来越多用于抑制情绪的心理能量。根据罗伊·鲍迈斯特提出的"自我损耗"理论，人类的意志力是有限的。他认为，人类的自控力是一种可耗尽的资源。在执行需要自我控制的任务时，就会消耗精神能量，所以需要恰当的管理和休息，以维持其正常的功能。然而，无法与外部建立联系意味着外部无法提供"燃料"。因此，当自己身心疲惫、遭遇坎坷或是其他原因导致耐心达到极限时,被压抑的情感就会毫无保留地爆发出来。

那些在抑制情感一段时间后突然爆发的人,可能有其自身的合理原因,或是发泄他一直被积压的郁愤。但是,其他人并不知道他的内心世界究竟发生了什么。这种人可能被视为一位擅长"忍耐"的人,通常表现出来冷静和有耐心,但他们也可能是忽略了自己的感受和心中发生的事情,最终导致爆发。他们可能认为自己很有耐性,是不得已才爆发出来的,实际上他们却是被某个异常事件压得无可逆转。此时,他们会把责任推到别人身上,无法意识到自己也是问题的一部分。

在我们心中,情感体验会像《化身博士》(*Jekyll and Hyde*)①中的人物一样分裂。所以我们不仅难以理解他人的内心,也很难被他人看作是表里如一、值得信赖的人。随着压力不断积累,导致爆发的强度也在不断增加,我们与他人的联系也变得越来越紧张。因此,我们需要像减少电饭锅的蒸汽一样逐渐降低心理压力,通

---

① 《化身博士》是英国作家Stevenson的小说。小说主角是一位善良的医生Jekyll,他将自己当作实验对象,结果却导致人格分裂,变成夜晚会转为邪恶Hyde的双重人格,最后Jekyll以自己的自尽来停止hyde的作恶。"Jekyll and Hyde"常被用作"双重人格"的代称。——译者注

过表达和沟通建立新的情感渠道,以获得新的燃料来补充能量。

如果回顾这个情感通路的初始设计过程,就可以为建立坚实而有弹性的"通道"打下基础。

在第一章中,从爱因斯沃斯的"陌生情境实验"中,我们知道了处于非安全型依恋的孩子们,包括无法离开母亲、不断哭闹的孩子(过度依恋型/焦虑型)和对母亲漠不关心、没有情感反应的孩子(回避型/忽略型)。这些幼儿的情感反应是他们最先看到的"镜子"——是根据父母的养育方式以自己的方式适应而形成的结果。

这些孩子们没有以"适当"的方式表达自己的情感来获得与父母的有效联结。作为他们的"镜子",父母需要理解孩子的情感,察觉情感背后的意图,并帮助孩子消化这些情感,从而在情感调节方面做得更好。

为了适应父母拙劣的情感调节方式,为了生存,为了不失去父母,孩子会找到自己的应对方式。对于那些过度表达情感的孩子,父母在回应孩子时表现出的不一致,会导致孩子无法预测父母的反应。有时候,父母会过度表现关爱;有时候,父母又会忽视孩子的感受。这就使得孩子会不断依附于父母,以确认父母的爱和关注,而父母的反应常常让孩子感到不满和失望。这种现象是孩子根据父母所能给予的东西做出的回应,而不是符合孩子内心需求的真实回应。

相反,如果孩子对父母漠不关心,没有情绪反应,往往是因为父母在孩子需要他们的时候表现出了退缩,比如回避身体接触、抑制感情表达。这让孩子本能地意识到自己的情感诉求是没有用的,不能期待从父母那里得到需要的安慰和照顾。虽然对这样的父母很生气,但是孩子因为知道这会引起更大的排斥反应,所以为了不让父母走得更远,他们反而不去接近父母。

这种生存策略在成年后仍然有效。不能通过"镜子"判断自己情感的孩子很难区分自己的情感实质。他们不能找到恰当的语言来描述自己的情感——无论是悲伤、生气、害怕、激动还是兴奋,都只是模糊又陌生的情感波动——无法给那份感觉"贴上"准确的名称,该如何向外界表达自己的情感更是无从谈起。

如果孩子曾经表现得过分依赖父母,即使成年后,他也会用让人难以理解的方式或行为来表达自己的情感,但这种情感会让人远离他。而曾经过度地抑制情感并放弃与外界建立联结的小孩,成年后会像"情感麻痹"一样毫无生气地生活,很难察觉他人的情感信号。

为了重建陈旧的情绪通道,我们需要自行提供那时未获得的情感需求。我们要学会感受内在情感,给它们命名;与外界进行实际的沟通,理解并解决潜藏在情感之下的需求和意图。

如果血管不能正常运作,血液循环就会受阻,身体就会生病。同样地,如果情绪通道不能正常工作,情感循环也就无法进行,心理健康就会受到损害。在这种情况下,人们要么生活在心灵死亡的状态下,要么被消极情绪压倒,表现出自我破坏的倾向。如果一直忽略情感信号,就会因为追求超出自己能力范围的目标而陷入无助,在迷失方向后远离自己的真实欲望。

本章将探讨情感交流和与外部联结如何在情感漩涡中拯救我们,并了解各种情感经验所传达的信号。因此,我们不能再忽略情感信号,而要紧握生命的方向盘。

空虚:感觉一切没意义

说出情感,能获得什么改变?

"心灵"是一个很抽象的概念,但它的"存身之所"实际上却是大脑。大脑不仅是理性思考的主管,也是情感表达的中枢。然而,在"我思故我在"等理性主义盛行的社会中,情感往往被视为幼稚的表现。从出生前就深深印刻在我们身上的情感痕迹,在成长之路上不断被否定和压抑。"不要表达情感""不要流露情感""用积极的情感掩盖自己"等信息随着人际交往传递。这些与内心世界不相符的法则,让"心灵"渐渐失去了容身之地。那么被压抑的情感将去往何方?

许多人认为表达与分享自己的情感是很件尴尬的事情。甚至那些寻求心理咨询的人也对此产生怀疑:

"说出来又有什么不同呢?""问题还是存在啊!"他们因为愤怒,只能看到不变的外部,因此错过了内心的信号;或者低估了情感的价值,甚至厌恶起感情用事的人们。

当然,仅仅说出自己的情感并不能解决问题。但情感本身却是最根本的问题,也是贯穿人生的核心领域之一。无论感受到什么情感,都必须认识它、命名它、表达它,和你信任的人分享它。如果这一系列过程没有正常展开,被压抑的情绪就会去攻击身体和心理。情感的表达并不能解决现实的问题,但是它可以检测到身体和心灵存在的危险信号,防止它们演变成更大的痛苦。

表达情感所需的能量原本被用于隐藏和压抑情感。当情感得以有效输出,心理压力就会降低,从而产生解决外部问题的余地和能量。此外,周边有自己信赖的人,可以让自己放心地表达,这会给予人们解决问题的勇气。这也意味着,在这个世界上,自己并不是在孤军奋战,还有关注和支持自己的人。因此,**在情感上与他人建立联结是人类生活中最根本的要求。当这种联结缺失时,人们就会问自己:"我为什么要活着?"**

为了忘记空虚而挣扎

无法准确察觉自己的情绪，并且无法找到合适的语言来描述自己的情感经历，这种状态被称为"述情障碍"。患有述情障碍或是情感麻木的人的内心深处，有着自己不知道的、不恰当的情感体验。他们会感觉自己与别人不同，有时候他们也会被批评为缺乏同情心、过于冷漠或无动于衷。但他们很难发现到底是哪里出了问题。

虽然表面上保持着良好的人际关系，受到许多人的欢迎，但是他们很可能无法与别人建立深刻的情感联结，甚至会认为自己的行为有些做作。他们认为自己在进行一种角色扮演，只是为了社交需要表现出让他人喜欢的行为，而不是真正地信任和喜欢他人。因此，即使表现出友好的行为，他们也会怀疑自己内心的动机。他们可能会认为自己只是利用他人来生存，根据自己的需要与人交往。为了避免表现出冷酷无情的一面，他们会更加友善，以此隐藏自己。一旦无法融入一段关系，他们会更愿意成为一个置身事外的观察者。

不关心情感的人所感受到的主要情绪是空虚。空虚是一种无法感觉到任何东西，但可能威胁自身存在的强烈情绪。为了从这种内心空虚的状态中走出来，有时候人们会产生自己已经消失了的幻觉。在现代社会，除了切断与他人之间的情感联结，还有很多可以忘记空虚的方法：有的人会花费几个小时漫无目的地上网；有的人会呆呆地刷着社交网站上的视频；有的人会陷入游戏世界，疯狂提高游戏等级；还有的人通过花钱填补情感的空洞；有时他们还会通过喝酒和药物让自己忘记空虚，甚至突破道德底线跨越"雷池"。在极端情况下，他们甚至会伤害自己。

有些工作效率高、具有良好自控能力的人，认为上面提到的方法都不健康，并且毫无意义。于是，他们会疯狂地投入工作中。对他们来说，成功是填补心灵空洞的最佳手段。他们通常是在社交方面有能力、富有挑战性和有抱负的人，是令人羡慕的对象。但是当他们暂停工作时，巨大的空虚感就会袭来，侵蚀他们全身。那时，他们就会遇到所谓的"低谷"，一度渴望并追求的目标似乎变得毫无意义。他们不禁自问：这种成功是为了什么而努力实现的呢？

情感会让我们充满人情味

大多数人都没有学会处理情绪，也没有足够的物质支撑和精神空间来关注情感。但是，如果因为不知道怎么做，或者缺少时间，就忽视对情感的处理，这种行为是不可取的。没有情感的生活也是无以为继的。情感是一种非常敏感和复杂的东西，就像一位挑剔的客人，需要得到特定的关注和满足。

要回答"为什么要活着"的问题，就要先给情感留出空间，花时间照顾它。照顾情感就像梳理毛绒地毯一样：经过多次踩踏变得失去光泽又毛糙结块的毛绒地毯，一旦得到精心护理，就会恢复柔软丰盈的触感。当情感的本质因为精心的呵护得以复苏时，就会成为冬日的暖阳，让我们被暖融融的阳光包围，让我们感到被关爱和被理解。最终，情感会变成生命的证明和人生的意义。

烦躁：不知不觉中爆发

我也讨厌自己发脾气的样子

看到这里时，你不妨回想一下，一天中会有几次感到烦躁呢？"烦躁"的意思是指因为某件事情不合心意而发怒。也就是说，当某件事情不符合自己的期望时，就会表现出不满、恼怒、心烦意乱。

从"烦躁"的定义可以看出，在生活中，很少有完全符合我们心意的时刻；相比之下，感到痛苦的瞬间却太多了。如果所有事情都能如愿以偿，那是再好不过的事情。但风水总是轮流转，世事变幻也无常。在这个世界上，会有很多自己不满意的人和事，会有无法轻易放下的过去，也有无法随意预测的未来……让人烦躁的事情是多种多样的，整个世界似乎都在不断制造麻烦，试图让自己不舒服。

过度烦躁可能是精神疾病的症状之一。抑郁症、躁狂症、经前综合征、焦虑障碍等疾病中表现出的烦躁被称为"易怒"。这种症状是一种暂时性现象：由于荷尔蒙变化等刺激的阈值降低，使人失去冷静，处于敏感状态。然而，有些人即使没有精神疾病，面对鸡毛蒜皮的生活琐事也很容易发脾气，那么这就是一个信号——这个人的情感处理系统存在问题。

容易发脾气的人会给人留下情绪不稳定和难以相处的印象。因为他们经常表现出激动、易怒、焦虑等反应，往往难以控制自己的情绪，全身似乎都充满了即将爆发的怒气，哪怕是一件小事也会让他们发脾气或是跟人产生冲突。但实际上，即使再生气也无法消除他们内心的不快。这是因为他们无法理解自己的情感脉络，很难找到适当的方式来处理这些情绪。作为当事人，他们一直忍受着不愉快的情绪，最终以发脾气的形式爆发出来。因为平时总是压抑情绪，他们很难理解情感的实质。他们不知道自己为什么会发脾气，也不知道该怎么办，感觉自己陷入了不快和尖锐情绪的漩涡，如笼中困兽，无法挣脱。一旦被消极的情绪所笼罩，他们的人生就成了痛苦和不幸的延续。

如果一个人对琐碎小事都很容易生气，那么他很快就会被周遭排斥。当身边有容易发脾气的人时，周围的人会不自觉地小心翼翼，甚至心生畏惧。而且，情绪具有很强的传染性。如果一直待在消极的人身边，不知不觉间自己也会成为那个不幸世界的一部分。然而，发脾气的人自己也很痛苦。明明是因为某件事心情不好，却又无法改变现状。发完脾气后，还会感到内疚，担心自己因为过于敏感而打扰到周围的人。那么，引发这种烦躁的原因究竟是什么呢？

烦躁的根源

就像"烦躁"的字面定义那样，烦躁是一种模糊而难以具体描述的情感，源于"内心的无法满足"，或是"欲望被外在因素所限制"。通常情况下，婴幼儿在出生后24个月到36个月之间，这种情感会逐渐增多，并经常表现出情绪失控的行为。这个时期的婴幼儿，自主性需求强烈，好奇心旺盛，想要自己尝试做很多事情。然而，对于照顾孩子的成年人来说，由于担心孩子会遭遇危险，或者不愿意花时间观察孩子的表现，或者由于孩子的不成熟表现让人难以忍受等原因，他们可能会阻止孩子的行为。这样一来，孩子就会感到烦躁，因为他们无法按照自己的意愿去行动。但他们很难用语言表达这种情感，所以他们可能会通过哭闹、扔东西、大声喊叫等方式来表达情感。

一系列研究结果表明，如果父母的控制倾向较高，而且不能很好地读懂孩子的情绪状态，孩子就会更容易生气。韩国的父母大都具有控制倾向，并且对自己的情绪不敏感，也就很难读懂孩子的情绪。在这种情况下，父母会否定孩子的情感表达，例如："没有什么好生气的！""为什么要因为这种事生气？这不值得生气。"不知道如何回应孩子情感需求的父母还会忽视孩子的情感痛苦，例如："你要我怎么办？你自己看着办吧！"

如果读不懂孩子的情感，只是一味制止他的行为，就更危险了。即使是不良的行为，如果孩子借此表达情感，照样可以解读出正面的信号：一方面意味着他正在通过自己的方式释放情感，另一方面也增加了确认孩子是否处于负面状态的可能性。然而，如果总是惩罚孩子不当的情感表达，或者压制孩子到不再采取任何行动，孩子未被消化的情感会留在心中并不断恶化，并对其产生消极影响。

孩子需要情感的支撑

好的父母会介入并帮助陷入消极情绪的孩子调节情感。他们会读懂孩子闹脾气的原因,理解孩子情绪背后的需求,然后将其转化为孩子能够承受的形式,帮助孩子化解问题。通过这种反馈,孩子不仅可以理解自己的情感,还能学会用语言表达情绪。他们会找到最恰当的语言来表达自己的感情,从而与他人建立联结。

有效的介入不仅仅局限于情感层面。当孩子因为消极情绪表现出不当行为时,父母会给出指导和替代方案。例如:"你很生气,想打妈妈,是吗?但打人是不对的,下次当你生气时,要告诉妈妈。"

有的人会问,说出来会有什么不同吗?如果根本不相信说出来会有任何改变,那么确实会对这种情感对话感到陌生。此外,不相信的人认为无法预测说完这些话后会发生什么情况。"当你生气的时候,可以告诉妈妈。"那之后,还能说些什么呢?

如果没有经历过类似情况,确实很难想象。在情感不稳定的环境中成长的人很难想到一些微不足道但重要的情感反应。例如:

"当你生气的时候,可以告诉妈妈。"

"我会一直抱着你,直到你心情好转。"

"让我们一起找找缓解烦躁的方法。"

"我会给你一个可以尽情发泄情绪的洋娃娃。"

通过各种尝试,父母其实可以找到解决孩子愤怒情绪的情感钥匙。如果仍然没有效果,父母可以和孩子一起面对这种情感的漩涡,跟孩子说"我会等你平静下来"。

俗话说:"良言一句三冬暖。"如果能够在他人的帮助下安抚烦躁的情绪,不知所措的状态就会被沉淀;那些不明所以、无来由的烦躁情绪也会找到它们的专属名称,逐渐成为一种可以被消化的情感。

对自己的情感负责

通过与他人分享来消化情感本是父母应该为孩子做出的表率,但是很多父母自己也没有掌握正确的方式。此外,受限于孩子的天生性格不同,他们的挑剔和善变程度也各不相同,即使父母做出了积极的尝试,也有可能不起作用。

然而,我们不能彻底改变孩子的天性。所以,与其指责孩子"你到底像谁",不如对孩子的天性给予积极认可,并提供适合他们成长的土壤,让他们能够以自己的方式生活。当然,这需要父母付出更多的耐心和细心。

父母和孩子之间的缘分就像"开盲盒",没有人能选择自己的父母:有的人会在情感健康的父母的庇护下成长为情感富足的人,有的人会受父母的影响养成不那么挑剔和敏感的性格。童年时的经历和与父母的互动,都是为了向父母学习并吸收情感关怀,以便填补自己缺少的部分。

当你无法应对情感问题时,可以向专业人士寻求帮助。虽然寻求心理帮助在一些人看来是件奢侈的行为,但对另一些人来说却是关乎生存的问题。实际上,许多人在情感中十分痛苦,过着"身还未死,心先死"般的生活。

如果愿意对自己情感负责,就必须仔细观察自己内心的情感。重要的是意识到:"愤怒"就像小孩子一样捉摸不定,当我们不能适当地表达自己的意愿时,就会变成相当不成熟的、无法区分的情绪。通常,我们无法具体地认识到自己为什么生气,也无法适当地表达不满意的状态。于是,愤怒的情感就会涌上心头。因此,我们很容易把生气的原因归咎于别人或外部环境："别惹我生气！""这就是世界的样子！""为什么他们这么没常识？"这些话其实都难以平息愤怒。但是，当我们试图在外部寻找原因时，大多数情况却是即使找到了原因，也无法解决问题。因为我们无法改变他人的行为或周围的环境，所以这种情况是无法避免的。

那些经常生气的人首先必须承认自己的情感认知和表达能力并不是很好。无论原因是什么，负责这种功能的情感通道并没有充分发挥作用。此外，他们还必须承认愤怒是自己内心的产物。大多数人在这个阶段都会感到困难。他们会转而责备别人，因为他们害怕承担自己应该承担的情感责任。

然而，即使他人的言行可能会激发我们的情感，但这并不是触发情感的根源。毕竟，情感的主体是我们自己。**试图在情感中判断谁对谁错并没有什么帮助。我们应该从功能主义的视角出发，思考"什么对于我的心理健康和成长更有帮助"，这才是更有效的方式。**事实上，我们应该关注和控制自己的情感和行为，而不是试图控制他人的行为来让自己的情感得到缓解。

缓解烦躁的方法

对情感认知不足的人,通常会想要确认自己行为的正当性:他们会认为"在这种情况下,任何人都会产生这样的反应"。一旦知道别人在相同的情况下会有不同的反应,他们会感到非常惊讶。这是因为每个人有着不同的欲望和价值观。因此,想要直面自己的情感,你就需要仔细观察自己通常在哪些情况下感到烦躁,在这种情况下自己会产生什么情感或想法,内在的欲望是什么,自己想要的又是什么。

如果到目前为止,你都没有关注过自己的情感和需求,并且不知道如何用语言表达它们,那么你就需要学习普遍表达人类情感和需求的方法,并将其融入生活。不是使用模糊的表达方式,比如简单的"生气"或"愤怒",而是采用细致、柔和的表达方式。

如果你很难掌握并驾驭这种语言,也可以利用身体感受或想象等方式进行表达。例如,今天的心情可以用灰暗的颜色来表现,也可以用活泼的音乐来表达。如果你感到内心像是被一块巨石压着,那么可以想象这种场景,然后体验身体上可能产生的感觉。

无论核心是什么,关键是要完全感受自己的情感,

并找到一种方式将其还给自己。为此，你需要尝试各种方法，发现适合自己的情感渠道，并做好准备，以便在危急情况下使用。

通过这个过程，你可以发现自己的烦躁的固有模式。只要承认了这种模式是由自己产生的，就可以掌握控制烦躁的技巧。不一定非要从外部刺激中寻找解决方法不可，只要理解了自己为什么会感到烦躁，自己想要什么，就可以适当地减少烦躁。将"因为不合心意而感到不愉快"这种情感通过适合自己的语言和感觉进行消化，最终变成自己可以接受的形式。

当你认识到自己需要对情感负责，需要向他人表达伤心、沮丧等负面情绪时，你就有很大概率真正得到自己想要的东西。比如，当你无法与恋人共度周末时，如果你指责对方"你让我觉得很烦！"对方就会为了保护自己采取防御姿态，对方可能会反问"我到底做错了什么？"与此相反，如果你诚实地说明"本来想和你在一起的，但是很遗憾没能做到"，对方的姿态也会随之变得柔和，你们之间就能更好地实现有效沟通。

当然，想要获得自己想要的结果不能只依赖他人的善意。在了解了消极情绪背后的欲望为何会落空后，你就需要采取积极、主动的行动来满足自己的需求。你应该明确地表达自己的愿望，比如坦诚地对恋人说"下个周末我想和你一起度过"。你的要求可能会被拒绝，但是，一旦感受到自己和他人之间的理解差异，你就会明确知道自己应该做什么。**积极行动的结果并不总是如自己所愿，但是通过履行自己的情感责任，你会变得更加自由。**

消化完负面情感之后，剩下的就是承认自己在现实中的局限，比如面对很多情形"我也无能为力"或"我也没办法"。一旦完全认识到自己的内心并尽力照顾自己的情感，那么长期被积压的情绪就会找到前进的方向，顺利进入下一个阶段。即使不符合自己的内心需求，也要感谢那些尊重自己、倾听自己吐露心声的人；如果对方的反应实在和自己的内心需求相悖，为了避免发生冲突，要学会和对方保持适当的距离。

成瘾:却控制不了自己

"瘾"的诱惑

想象一下,给你一天时间,什么都不做,只是保持孤独而安静的状态,你能坚持下来吗?波兰的社会学家齐格蒙德·鲍曼将现代社会的特点定义为"失去孤独的时间"。在充满刺激的环境中,我们通常会感到成瘾。一旦有一点空闲时间,我们就会寻找可以让自己忘记日常的乏味和痛苦的娱乐活动。从物质成瘾,如酒精、香烟、咖啡因、安眠药、毒品等,到行为成瘾,如赌博、滥交、沉迷游戏、疯狂购物、暴饮暴食、沉迷智能手机等。科学技术的发展正在不断催生新的成瘾形式。也许大多数人在某种程度上已经陷入了成瘾的状态,只是他们不知道。

世界正在以难以预测的速度快速变化和发展。我们所相信和追随的那些观念和价值也在变得越来越不确定和模糊。这种不确定性和模糊性正在填补我们原有的价值观和时代精神所留下的空缺。由于我们现在可以通过互联网等形式与其他人进行交流和互动,我们的生活变得更加全球化和流动化。传统的社会和文化环境无法再稳定我们的身份和价值观,这可能导致我们感到迷茫和无所适从。这种无处落脚的漂浮感可能就是我们内心焦虑的根源。

资本主义时代奉行"金钱即是法则和真理"。由于没有钱导致的痛苦或悲惨事件有很多。每个人心中都会怀抱这样的期望:"只要有钱,这种痛苦就会消失。""只要有钱,我就不必过着这么艰难的生活。""如果我有金钱养出的好心态,我也可以成为一个好人。"

当经济拮据时,人们会自然而然地期望拥有更多的财富来弥补这种痛苦。当生计得以保障时,人们就会有更多的时间和精力去思考生命中更深刻的意义。然而,有时候我们会习惯性地把所有问题都归咎于金钱,认为如果拥有足够的金钱,就能做任何想做的事情。

如果你真的迫切希望做成某件事,即使缺乏金钱,你也会尝试寻找其他的方法。如果你只是抱怨而没有任何行动上的尝试，那么你可能并不是真的想做。更进一步地说，你可能甚至不知道自己真正想要的是什么。有时候，我们不是真的想做某件事情，而是想要逃避那些可能会出现在人生中的痛苦。在这种情况下，人们会很容易地从外在的、明显的因素中寻找借口安慰自己，比如缺乏金钱或者外貌不够好看等，而忽略了内在的、更深层的需求和梦想。

在每个人的生命中，有许多价值不能通过金钱来实现。当我们无法确定这些价值是什么时，我们可能会感到一种深刻的空虚和缺失。在这种情况下，人们很容易依赖某些东西来填补内心的空虚和不满。这种依赖可能就是"金钱成瘾"。它会深入我们的内心，并且掌握我们的思想和行为。

"成瘾"和"投入"的区别

仅仅喜欢某种物质或活动，并不意味着每个人都会成为"成瘾者"。作为一种精神障碍，成瘾具有4个特征。第一个特征是欲望强烈，即在进行与成瘾相关的行为之前，有强烈的冲动要执行该行为。第二个特征是失去控制力，即无法自我控制成瘾相关的行为。第三个特征是耐受力增强，即需要更强的刺激才能获得与之前相同的满足感。第四个特征是出现戒断症状，即停止成瘾相关的行为会带来难以承受的痛苦。因此，成瘾是指一个人沉迷于某个对象或某种行为，以至于打破了生活的平衡，影响到现实生活的状态。如果一个孩子沉迷于游戏，但想成为职业游戏选手，那么他不仅要在游戏中拥有技能，还需要在现实生活中拥有坚强的意志力、良好的沟通能力、明确的目标意识，并且还要有比赛经验等。

　　成瘾会破坏日常生活的平衡，使人与现实世界隔离，并缩小自己的视野。通常，成瘾是一种逃避痛苦的方法；正向的投入则是通过专注于某一事物，与外部世界建立联结并扩展自己的视野。单纯沉迷游戏的孩子和在游戏中发现自己性格的孩子之间存在质的差异。这种差异源于自我认知和自我控制能力的差异。对于容易成瘾的人来说，他们很难有序地控制自己的情绪、思想、行为和人际关系等。当他们无法忍受日常生活中的痛苦，或者无法得到足够的安慰时，就会陷入成瘾的状态。

有时，成瘾的对象和行为会成为人们逃避生活中其他痛苦和责任的手段。有位女性患者数十年来饱受酒精依赖症的折磨，现在她的生活重心只有喝酒。最初，她喝酒是因为睡不着觉。但是随着酒量增大，她开始酒后呕吐，胃也随之不舒服，于是她就选择不吃饭，在不知不觉中开始了节食。她会告诉自己"今晚不喝酒了"。当她清醒时，她也会花费大量的时间在互联网上寻找戒酒的内容。虽然她了解的关于酒精依赖症和饮食障碍的知识像专家一样丰富，但她的日常生活最终还是被酒所支配。

在进行心理疏导时，我们聊的都是与酒相关的话题：比如她在过去的一周中喝了多少酒，比如有哪些戒酒的方法，比如她因为喝酒最终没有实现哪些计划等。她总觉得自己很可悲，说"会再次尝试戒酒"。有一天，当我询问她是否可以谈谈其他话题时，她却无法继续轻松地说下去："我不知道，除了酒之外，我没有什么可以谈论的事情……"

成瘾是一种自我毁灭性行为，同时也是一种强迫控制行为，通过控制成瘾行为来获得控制感。"世上没有什么事能随心所欲"。当一些人感到无能为力、无法控制自己的生活时，当他们感到失去了对外界环境的控制权,或者面对强势的权威时,他们就会陷入绝望和沮丧。这时,他们就会寻找一些可以掌控的事情来缓解这种情绪,例如玩游戏、购物或减肥等。成瘾者通过这些行为来获得一种虚假的控制感,但实际上他们只是在逃避现实,让自己更加深陷其中。

尽管明知长此以往只会带来不幸的结果,但成瘾者仍然无法放弃这种控制感。在成瘾者看来,他们可以通过自己的努力和决定来掌控自己的命运,哪怕这是一场赌上自己的将来。冒着走向失败和不幸的风险,永远不会结束的赌博。

"成瘾"与"中毒"的关系

成瘾的神经生理学原因已经被证实与多巴胺的过度分泌有关。成瘾物质和行为会促进多巴胺的分泌,引起愉悦和兴奋。在感受过强烈的愉悦和兴奋后,大脑会以类似于强迫症的方式被激活。当愉悦和兴奋消退后,成瘾者就会感到内在的紧张和压力,觉得自己必须再次执行成瘾行为。因此,尽管最初是自己主动选择的,但一旦陷入成瘾状态,成瘾者就无法凭借自己的意志摆脱它。

要理解成瘾，就必须理解其中的关系。从心理学的角度看，成瘾是自我控制能力缺失的表现。自我控制能力并非天生就有的。例如，刚出生的婴儿不能控制自己的行为和情感，当他们因为太困却无法自己入睡时，就会闭着眼睛哭闹。这时，母亲会通过轻轻拍打的方式，安慰和轻哄婴儿，直到他们平静下来并入睡。通过这种安抚，婴儿学会了如何平息不愉快的情绪。可见，我们每个人在生命之初都是不完美的存在，在成为成熟的人之前，没有什么技能是可以轻易获得的。

根据依恋理论，婴儿无法独立调节自己的情感，需要其他人来反映和容纳他们的情感。经历过稳定的依恋关系的人会自然地处理生活中的痛苦，并学会在关系中缓解痛苦。这种经历会在"情感和记忆的存储库"——大脑的边缘系统中留下痕迹，并在我们的一生中持续给予帮助。

当我们与世界相连时，即使我们有时会感到孤独，也不会被孤独感所侵蚀。当然，从存在论的角度看，人类最终仍旧是孤独的。**但在关键时刻，我们要相信自己是可以向这个世界寻求帮助的。这种信念就是我们对抗成瘾的保护机制。**

安全型依恋人格是指在稳定的依恋关系中，能够信任他人并积极表现的人格。这种类型的人会自然地调节与他人的社交距离，从中感到舒适与放松。他们也善于获得自己想要的东西。但是，安全型依恋并不意味着无条件的包容和无限制的支持，是通过适当的管教和照顾来实现的。

在过于宽容的环境中成长的人，缺乏面对挫折的抗压能力，无法控制自己的冲动行为。相反，在过于严格的环境中成长的人，可能会过度压抑自己的情感和思想，不知道如何放松。为了摆脱自我压迫，他们会沉迷于成瘾行为以此释放压力。

只想展示部分的自我

在一段稳定的依恋关系中，一个人如果拥有了一个可以回应自己的情绪和价值的对象，他就可以从对方的反应和支持中，更好地认识并接受自己，也能由此获得一种整体感知的能力。这种整体感知能力是我们主动生活的动力，可以帮助我们从不同的维度认识并接纳自己。当这种整体感知能力缺失时，我们就不再有固定的反映自我价值的对象,就会面临着自我的分裂和碎片化。在这种情况下,社交媒体作为一个虚拟的社交空间,对我们的影响就会愈发突出。由于社交媒体的碎片化特性,我们往往会把自己切分成很多面,通过在不同的社交平台上呈现不同的面貌来获取更多的关注和赞扬,从而逐渐失去了整体感知的能力,进而导致对社交媒体成瘾。

比如,网络红人们会通过分享自己的日常生活,吸引粉丝的"点赞"和关注。当他们分享自己所穿的衣服、使用的产品或者去过的地方时,这些内容经常会成为热门话题,并且因为他们的知名度,吸引到许多广告商进行广告宣传合作。因此,社交媒体已经成为一个新的盈利创收市场。随着粉丝的增多,网络红人们会不断展现可以吸引更多人的"华丽生活",从而赚取更多的钱。在这样一个连锁反应中,网络红人们只会选择那些让自己看起来更加完美的形象,上传到社交媒体当中,以吸引更多的粉丝和广告商。

美国临床心理学家苏珊娜·E.弗洛雷斯警告说:这种"自我编辑"行为具有危险性。选择最好的自拍照片,经过精心的修图,展示完美的外貌、高级的超级跑车、奢华的酒店和旅行。在这个过程中,人类天生的局限性、脆弱性和负面经历被隐藏在了网络背后。在社交媒体上，人们因为过度编辑自己的照片、展示自己的生活方式，而把这些虚幻的内容当作自己生活的全部，也让粉丝误以为这些内容就是现实的全部。这种行为不仅会导致个人的自我价值观出现问题，还会影响粉丝的看法，让他们误以为自己的生活不够完美、外貌不够好看，由此陷入自卑和不安的状态。

社交媒体最大的潜在危险是将人格碎片化。我们什么时候会觉得自己还不错，正被爱着呢？也许是当我们感到痛苦或者身患疾病，却还有人守在身边时。这时，我们通过他人确认了自己的价值。当我们可以接受自己的不足和缺点时，我们才能真正地爱自己，并以同样的方式去爱别人。然而，当你在社交媒体上精心编辑的自我形象受到追捧时，那些被切割出去的人格就无法融入真实的自我，飘忽不定的不安和空虚感会随之而来。有的人为了忘记这些，会寻找其他的成瘾对象来填补"黑洞"。

星星之火，可以燎原

戒掉成瘾行为是很难的。如果找不到替代的成瘾对象,"瘾"就会辗转于不同的对象和行为之间并持续下去。**我们只有从孤立的内心走出来,与现实世界相连,才能恢复有意义的关系。只要能够解决这段关系的内部矛盾与问题,就可以战胜成瘾行为。**

但是,想要靠一己之力戒掉成瘾行为并不容易。如果家庭成员或亲密的人中有成瘾者,他们通常会给周围的人带来巨大的痛苦,这使得他们很难再受到温情相待。但是,要帮助成瘾者战胜"瘾",首先需要做的是了解成瘾者与世界的分离程度有多大。我们需要为他们创造一个积极的环境,让他们能够自由地表达自己的情感和需求,并认识到自己存在的意义,这样他们才能走出成瘾的困境,重新融入社会。

虽然这个世界并不总是站在我们这一边,也没有人能够一直牵着我们的手走下去,但是在关键时刻,只要我们能够感到自己在这个世界上得到了救赎,就会让我们有了坚持下去的勇气,也会让我们愿意将这种感觉分享给他人,让其他人也感受到同样的勇气和力量,从而共同面对生活中的挑战。

救赎的感觉可能来源于生活中的一些小事,并没有想象中那样宏伟惊人。我上大学后开始了独居生活。有一天,我的手机坏了,无法联系到任何人。几天之后,一个朋友突然造访，让我感到十分惊讶。他说："我很担心你，所以来看看你有没有什么事情。"

直到十几年后的今天，我对这件事仍然记忆犹新。因为在当时，我的心中存在着"即使没有我，世界也会正常运转"的绝望感。这位朋友的做法却让我意识到：尽管世界是残酷的，但是我依然能够获得他人真正的关心和支持，我和这个世界仍然联系在一起。这种感觉在我的脑海里留存了很久，成了我信仰的重要组成部分，也成了危险时刻可以让我放心依靠的强大后盾。

在生活中寻找并珍藏这些碎片，并将这些经历分享给他人，是我们拯救自己的方式。 那些被珍藏的"生活碎片"就像"星星之火"一般，以燎原之势产生积极的影响，帮助我们战胜成瘾行为。

无力：不想做任何事

无力感的恶循环

前所未有的新冠疫情突发后，我们待在家里的时间变多了。"要做的事情有很多，却连一个手指都不想动"。怀着这样的心情，很多人开始感到无力和沮丧。随着这种情况的持续，人们开始意识到：即使认真洗手、佩戴口罩，在面对这场疫情时，个人所能做的事情也是很有限的。

这种无力改变的事情无时无刻不在发生。不管我们是否愿意，我们都得适应新的变化。面对面的接触减少了，远程办公和在线学习却变得越来越普遍。原本以为外部的压力减少了，就可以完全自由支配属于自己的时间，但总感觉自己有做不完的事情，工作也一直拖延。

今天如果不走路，明天就要跑步；明天如果不跑步，后天就要飞起来。然而，我们是人，注定飞不起来。就这样一点点拖延下去，事情还没有开始做，就已经产生了失败的感觉。

在这种感觉的影响下，我们的身体就像吸了水的棉花一样瘫软无力，提不起劲儿做任何事。但是为了维持生计，我们又不能完全放弃该做的事情，总会断断续续地做一些最基本的事情。如果是备考生或是毕业生，在这种无法集中精神的状态下，只能坐在书桌前虚度光阴。回到家后我们也是萎靡不振，周末不想和朋友见面，堆积如山的家务也不想收拾，又是玩着手机无所事事地度过一天。

如果说出这些苦恼，大部分人都会得到"去运动"的建议。虽然我们也很清楚运动的必要性，但是因为提不起劲儿来，不愿意运动，于是体力越来越不好。去健身房看到别人努力运动的样子，也许还会产生一些动力；但是如果一个人在家里锻炼，这种动力就消失了。再加上"我一定要运动"这种想法成为一种压力，反过来折磨我们，甚至让我们觉得"无法原谅不运动的自己，自己懒惰到了令人寒心的地步"。我们的人生没有被点燃，生活也没有半点激情。这种无力感究竟是从何而来呢？

生活并不总是如我们所愿

有一项实验是把小狗放在无论做什么都会被电击的环境里。这些小狗面对痛苦的电击不进行任何抵抗,看起来相当无力。当然,这些小狗一开始并非没有挣扎过。它们尝试了许多不同的方法,试图逃避电击。然而,当它们意识到无论如何都无法避免电击时,就屈服于痛苦的现实了。当这些小狗被转移到一个可以轻松避开电击的盒子里后,它们表现出一种无助的状态。当电击发生时,它们只是待在原地,等待痛苦过去,没有一丝要逃离的想法。

美国心理学家马丁·塞利格曼从这个实验中获得了深刻的见解:如果一个人长期承受无法改变的负面刺激或挫折,会导致他们认为无论如何努力都无法改变最终结果,这就是陷入习得性无助的状态。

驯养大象用的是同样的方法。如果一只象从小被拴在木桩上,即使它成年后也无法摆脱这个束缚。哪怕拔掉木桩,它也不知道该往哪里去,最终可能会再次被捕获,并庆幸自己没有被枪杀。人也是一样的。如果一个人在重复的情境中,无论怎样努力都无法获得自己想要的东西,那么他就会失去了尝试新事物的勇气。因此,当无法言明的无助感袭来时,我们需要自我反思、审视,找到问题的根源并积极寻求解决方案。

"我想要的是什么,我得不到的又是什么?"

因为受挫衍生的无助感是一个重要的信号。它会告诉我们,自己的生活与期望是不符的。我们之前想要的东西可能并不适合我们。例如,我们可能想要赚更多的钱,所以不得不加班,但实际上,钱并不能带给我们真正的幸福;我们可能认为旅行是一种很棒的爱好,所以去了世界各地,但实际上,我们可能更愿意待在家里舒服地看小说;我们可能认为有稳定的工作是最好的,所以考了公务员,但实际上,每天处理重复琐碎的事情只会让我们感到枯燥乏味。

无助感也是一种身心能量枯竭的信号,提醒你需要及时"充电"了。但是,捕捉到这个信号并给予反馈、采取行动并不容易。这是因为我们必须做出选择,而鱼和熊掌不能兼得。一旦做出了选择,我们就必须放弃一些东西。例如,即使我们生病了,也不敢轻易请假,因为这会导致收入减少、职场声誉受损和升职变得困难等现实问题。因此,如果我们知道自己想要的是什么,那么我们需要问自己一个问题:"我是否有勇气放弃现在拥有的东西?"

如果没有勇气这样做，那么我们必须承认自己正在被这种无助感所束缚。这并不意味着我们应该放弃正在做的事情。然而，在找不到正确答案的情况下，我们必须意识到，是自己的行为助长了无助感；只有意识到这一点，我们才能恢复对局面的控制。我们可能会认为自己是迫不得已才继续做这件事。但实际上，正是我们觉得可以维持现状才做出了现在的选择。

即使无法立即采取行动，我们仍然可以相信自己是可以选择的，这种信念是打破无助感的关键。这种信念类似于"试一试"的心态，即"反正我不在乎，如果做不到放弃就好"。毕竟，即使失败了，世界也不会因此崩溃。如果我们相信自己掌握着结束这种情况的"钥匙"，就可以摆脱自己是受害者的念头。

无力感的罪魁祸首——完美主义

无力感的另一个罪魁祸首就是完美主义。那些每天无精打采的人并不会觉得自己是完美主义者。因为按他们的标准来看，他们并没有那么努力，也总能发现自己的不足。但是，完美主义并不仅仅适用于那些得到世人认可、达成完美成就的人。因为世界上并不存在真正的"完美"。因此，想要完美地处理事情的人，实际上是在为一种不切实际的幻想而浪费精力。

那些追求盲目完美主义的人永远都不会觉得自己"做得很好"，即使是在他们生命的最后一刻。然而，在日常生活中，我们需要的不是像"非常完美"这样的自我陶醉，而是"这样就可以了"的态度。我们需要一种自我满足的感觉，即使它并不完美地契合我们的内心。但是，完美主义者害怕自我满足。他们认为如果自己满足了，就无法进步，就会落后于别人。于是，他们往往会拼命追求完美……

这种思维方式在某些时刻确实是有效的。由于这种"鞭策"，许多人努力工作，并取得了一定的成就。正是因为这些成功经历，让他们认为自己的方式是正确的，并且无法放弃这种生活方式。

不过，我们的内心总是在追求平衡。如果我们在某些方面花费了太多的精力，那么必然会要求得到一些补偿。如果我们一直像疯子一样自我鞭策疯狂前进，那么在某个时刻，我们必然会感到无力和疲惫。这时，鞭策也就失去了效力。即使我们不断地告诉自己"现在不是停下来的时候"，我们的身体和心灵也不会听从指挥。

这种无力感告诉我们，我们需要重新审视过去的生活方式，并接受自己并不完美的事实，而不是盲目追求不存在的完美。

仔细观察完美主义的表象，我们可能会发现，我们并不是为了达成某个完美的标准，才会如此努力。如果完美主义真的是为了达到标准、实现自我满足的话，那么我们就不会被无力感所包围。我们并非为了达到标准才去完善自己，而是希望得到别人认可、避免被指责、成为别人眼中羡慕的对象。

为了摆脱无力感，尝试踏出一小步

正如前面所说，当我们追求过高的标准并期望得到他人的认可时，就会产生无力感。因此，想要摆脱无力感，就需要换一个角度来思考。我们需要为自己设定一个切实可行的标准，从小事做起，逐步实现它。无论做什么都可以：带宠物出去散步；喝一杯咖啡；甚至只是打开窗户，让房间换换气。最重要的是，我们要去做一些小事情，并且认可自己的成果："这就足够了。"

虽然一个小小的行动可能不会带来什么改变，接下来要走的路也长到让人想要放弃，但是不积跬步，无以至千里；不积小流，无以成江海。不断积累小的成功经验，才有重新振作的动力。此外，最重要的是要了解自己的极限。以公务员考试为例。明明要学的内容堆积如山，有的考生却就是不想学，反而漫无目的地打发时间。有这类拖延行为的人，多数具有完美主义的倾向。他们希望达到的目标超出了他们的能力范围。他们可能会觉得，即使再努力也很难保证合格，同时担心自己的努力得不到回报。想要应对这种恐惧，就必须坦诚地面对自己。虽然这很困难，但必须承认现实，比如"是的，我对自己的实际能力抱有过高的期望"。

当我们直面恐惧的实体时，不应该将那些超出我们能力范围的事情作为目标和计划，哪怕它们看起来很完美，也要敢于放弃并制定自己能够实现的目标。如果一个考生每天学习12个小时，我们就跟着模仿他的计划，最终发现这样做对我们的体力和精神都是一个巨大的挑战，那么这个计划就毫无用处。

一旦计划失败，我们就会开始与他人进行比较，然后感到沮丧，甚至失去再次学习的勇气。这是由于我们一味追随他人设定的目标所导致的。一开始就想每天学习12个小时，很容易感到害怕望而却步。不如每天坚持学习3个小时，不仅会减轻负担，更有可能实现目标，还可以让自己的生活变得充实。虽然刚开始可能会感到困难，但是一旦开始了，时间就像长了翅膀似的，每天都过得飞快。之后的某些日子里，你也可能会学习四五个小时。当你不断积累成功的经验后，你就会变得更加自信，开始认可自己。

虽然我们无法一直得到与付出相等的回报，但是如果我们选择了这条路，并尽力而为，即使无法达到期望的结果，我们也不会后悔。如果能接受这个事实，就可以克服挫折；如果发现这条路并不适合自己，那就选择其他的道路。韩国国民育儿导师吴恩瑛博士曾对备考失败的儿子说："全力以赴的意思包括接受最终的结果。"

相信自己的能力，尽可能地付出努力。每个小小的努力都是前行的一小步，即使看起来微不足道，也会不断积累并变成未来成功所需的力量。

幸福：并非触手可及

金钱可以买到幸福吗？

在过去20年间，韩国一直是OECD（经济合作与发展组织）所属成员国中自杀率最高的国家之一。自杀是一种走投无路、对未来不再抱有期待从而走上绝路的行为。自杀者往往认为未来无望，想象不出自己会过上比现在更好的生活。这是导致他们难以走出绝望的原因。虽然韩国在经济发展方面取得了丰硕的成果，为什么人们却变得更加不幸了呢？

让我们痛苦的不仅仅是贫困。当所有人都感到不幸时，我们还可以相互慰藉。然而，那种认为"自己比别人更不幸"的"相对剥夺感"会使我们丧失求生意志。

在"我为什么比别人更不幸"这个问题上，很多人的答案是因为缺乏金钱。但是，有了足够的金钱，我们就可以变得幸福吗？这个问题心理学家也已经研究多年。目前的研究结果表明："金钱有时有影响，有时又没有。"这是因为金钱的影响力取决于我们如何定义幸福。

衡量幸福的方法主要有两种：一种是从认知角度衡量自己对生活的主观满意度，即自己是否满意目前的生活状态；另一种是从情感角度衡量自己是否经常体验到积极的情感，如快乐、满足、温暖、感恩、兴奋和成就感等。一般认为，拥有更多金钱的人会更满意自己的生活，实际却是：拥有再多的金钱，也不意味着就能真切地"感受"到更多的快乐。

积极的情感体验不仅仅与物质财富有关，还取决于生活中是否受到尊重、是否建立了有意义的关系、是否学习了新事物和是否感受到自我价值。 当然，有钱人可以享受自由，有更多的选择机会，但是仅仅靠金钱并不能满足一些基本需求。有钱人往往只忙于赚钱，没有时间去享受生活。因此，要想真正地"感受"到幸福，就必须找到适合自己的时间和方式，以手为犁，积极地耕种幸福。

很多人认为幸福从一开始就是默认的状态，不幸是不正常的。大家都希望过得幸福，但为什么生活会如此艰难呢？如果我们冷静地分析，会发现生活更接近于痛苦而不是幸福。如果我们随波逐流，不积极地耕种幸福，很容易就会陷入痛苦。即使有很多钱，如果不积极地追求幸福，钱反而会成为幸福路上的绊脚石。

根据经验扩张假说，高端的经历会降低人们感受微小幸福的能力。也就是说，那些特别高级珍贵的经历会在无意中使平凡的日常变得微不足道。开着豪车欣赏美景的人，很难感受到"小破车"带来的便利，也就无法对日常生活产生感恩之心。这也是为什么富人们常常会无视日常的幸福，去寻找更强烈的刺激，甚至沉迷于毒品或夜生活的原因。

一项研究结果表明，即使只是想到"钱"这个词，也会削减人们的积极情绪。在一个心理学实验中，心理学家先是让一组人想起"钱"，再给他们一块巧克力；另一组人则是直接给了一块巧克力。有趣的是，先想到"钱"后吃巧克力的人在享受巧克力的时间上比对照组短，也没有表现出很高兴的样子。

尽管没有明确的研究结果可以证明，但"钱"本身似乎会夺走人们享受某些东西的乐趣。因此，当你认为钱就是幸福，并为此努力赚钱的时候，最好回头看看自己是不是错过了什么。

幸福是与生俱来的吗?

美国心理学家大卫·莱肯和奥克·特勒根的研究表明,幸福感是可以遗传的。这个结论让人震惊。他们指出,幸福感的遗传因素达到44%~52%,环境因素只占不到3%。

此外,人类能感受到的积极情绪的程度是先天的。因此,即使我们短暂地感受到喜悦的情绪,一段时间后也会恢复到"出厂设置"。换句话说,天生缺乏积极情绪的人很难保持愉快的心情,而天生具有积极情绪的人很容易就能从负面情绪中走出并回到积极状态。

"没能含着金汤匙出生就已经很委屈了,难道连幸福也会遗传吗?"如果这样想,我们很容易感到人生是不公平的。然而,奥斯卡最佳女配角的获奖者尹汝贞曾说过:"生活是不公平的,但是我必须战胜这种悲伤。"为了战胜这种悲伤,获得自己的幸福,我们首先必须承认生活是不公平的,而我们能够做出的选择也很有限。

一旦我们承认了这个事实，接下来要做什么呢？其实，我们的选择将从这里开始：是沉浸在"再怎么努力也无法超越天赋异禀之人"的自卑感中，就此结束不幸的人生？还是努力去做现实中自己能够做到的事情？

极端遗传学家的观点低估了影响遗传的环境因素。例如，精神疾病，如抑郁症和精神分裂症，被认为有很大概率因为遗传。然而，目前还没有发现直接导致抑郁症、足以被命名为"抑郁遗传基因"的特定基因。当然，容易患上抑郁症的潜在因子确实是先天的。由于后天的经历和所处的环境，这些潜在因子可能会被诱发为抑郁症；但是如果得到良好的管理，也有可能被顺利抑制。

身高是遗传因素中最为显著的特征之一，身高的遗传比例高达90%。然而，即使是矮个子的基因，也可以通过努力改变结果。健康的饮食习惯、充足的睡眠和持续的锻炼都有助于长高。当然，相对于本身就带有高个子遗传基因的人，这些改变的幅度可能比较小。但是，与不做任何努力相比，这些努力肯定会使人们更好地成长，并提高自我效能感和自我满意度。在追求自己想要的身高的过程中，即使未能达到理想的身高，也会认为自己过去的努力是有意义、有价值的。

获得幸福的一个亘古不变的真理，就是将注意力集中于过程，而不是结果。 重要的是认识到：如果想改善自己所处的现实，就需要更多的努力，并制定可行的目标，朝着自己想要的方向不断前进。

什么时候吃棉花糖才会感到幸福？

如果想积极地创造幸福，就要在日常生活中养成不断挖掘并享受幸福的习惯。近来，有个流行词叫"小确幸"，意思是虽然微小但是确定的幸福。"小确幸"一词反映出，比起未来不确定的"大幸福"，当下小小的但能立即得到的满足感更能丰富我们的人生。越来越多的人开始建立自己的"小确幸"清单：在上班路上喝一杯咖啡，下班后散会儿步，睡前听一首歌等。

在这个过程中，重要的是放下别人给你设定的幸福标准，去发现自己的幸福。例如，你发现自己在某种环境下会感到舒适，原来自己喜欢这种类型的音乐等。如果你觉得自己没有什么喜欢的东西，也没有什么想做的事情，做什么都感到无聊，这可能是你对自己一无所知的表现。

现在强调的幸福观念与过去那种为了将来要学会忍耐和节制的风气有着明显不同。那么，为了未来做准备和追求现实的幸福，哪一条才是通向真正幸福的道路呢？

1972年，美国斯坦福大学的沃尔特·米谢尔和他的研究团队进行了一个著名的心理学实验——"棉花糖实验"。研究人员在4岁左右的孩子面前放置了一些美味的棉花糖，告诉他们这些棉花糖随时可以吃，但是如果能等待15分钟，就可以再得到一颗棉花糖。实验结果显示，有些孩子无法忍耐，立刻就吃掉了棉花糖；有些孩子尽力忍耐，还是没挨过15分钟，最终吃掉了棉花糖；还有一些孩子能够耐心等待，最终得到了额外的奖励。

18年后，研究人员对参加实验的孩子进行了跟踪调查，并得出惊人的结论：比起那些不能等待的孩子，能够耐心等待的孩子在后来的生活中更成功（美国他们的SA考试）成绩更高，社交能力更强，在毒品和酒精方面的成瘾率也更低。

该实验结果表明，为了获得更大的满足和成功，我们需要具备一定的延迟满足能力，即能够抑制当前的欲望，等待更好的结果。这也成为一种指导人们行为的指南。在韩国，《棉花糖实验》这本书受到了广泛欢迎，成了自我成长领域的经典书籍，同时成为部分成功人士奉行的绝对原则。

虽然这个实验结果表明了延迟满足能力的重要性，后续的研究团队却开始思考：如何培养孩子的耐心和自我控制能力？2012年，美国罗切斯特大学的一个研究小组以28名孩子为对象进行了一项新的实验。

在这个实验中，研究人员跟孩子们说要开展一项美术活动，并且承诺如果他们稍等一下，就会得到彩纸和黏土。随后，研究人员只给了一半的孩子彩纸和黏土，另一半的孩子则什么都没有。接着，研究人员进行了"棉花糖实验"。结果显示，那些得到了彩纸和黏土的孩子基本都能忍住不吃棉花糖，没有得到彩纸和黏土的孩子中只有一个耐心等着不吃棉花糖。

这个研究结果显示，在不确定是否能得到回报的环境下，人们更倾向于追求即时的满足感，而不是等待未来的奖励。如果不能确定等待的结果，即使只有一个棉花糖，也可以保证当下能够立刻获得满足。因此，在当今社会，随着经济形势的不确定性和贫富差距的变大，人们更倾向于享受一些即时的小幸福，比如"小确幸",再如"YOLO族①"的出现,也就可以理解了。

比什么时候吃棉花糖更重要的事

其实,重要的不是什么时候吃棉花糖,不是说现在立即吃掉棉花糖就是明智之举,也不是把人们缺乏耐心的原因归咎于不合理的环境。不管是现在就吃,还是晚点再吃,都应该视自己的实际情况而定。有的人认为等待以后吃两个棉花糖会很幸福;有的人则因为现在就可以吃到自己想吃的东西而感到满足。只要没有过于固执地认为自己的方式是正确的,也没有谴责别人缺乏耐心,那么无论选择哪种方式都是可以接受的。

虽然选择的自由很重要,但是你也必须为自己的选择负责。如果你在吃完棉花糖后抱怨别人为什么没有分你更多的棉花糖,或者抱怨你不得不吃棉花糖是因为太饿了,这样做只会让自己变得不幸。你必须承认:吃不吃,什么时候吃,是你自己做出的决定,而不是别人强

---

① YOLO族是一群把及时行乐奉为信条的人。"YOLO"是英语"You Only Live Once"的首字母缩写,意为"你只活一次"。这个概念强调人生的唯一性和紧迫性,鼓励人们享受当下,不要害怕承担风险。——译者注

迫你做的。

如果你总想着"不想等我有空了再做想做的事,现在我全都要做",那么你需要重新思考一下。在我们的生命中,要做的事情只会越来越多,而不是越来越少。因此,我们应该珍惜现在与自己在一起的人,一起创造并分享回忆;如果我们不这样做,将来可能就没有人可以与我们分享那些幸福了。

我们应该意识到,有些幸福需要我们立即抓住;有些幸福则需要我们暂时放下,这是为了未来更长远的幸福不得不做出的牺牲。我们需要保持平衡,也需要灵活地权衡生活中不同类型的幸福,以便做出最明智的抉择。

世界并不总是站在我们这一边
也没有人会一直牵着我们的手
然而,在决定性的时刻
我们还是会感到在这世界上得到了拯救
这种感觉会让我们继续活下去
也促使我们将这种宝贵的感觉分享给他人

第 三 章

选择，
不一定要负全责

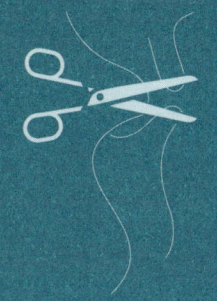

"人类本就是宽容和友善的""人类本就是自私和贪婪的",这两句话你更认同哪一句?我们每个人在看待世界时都会套上一层滤镜。而我们看待人类的基本信念和价值观,会对我们认识、解释和判断这个世界产生巨大的影响。

然而,我们经常意识不到自己是按照这些信念生活的。那种意识好像一层和我们融为一体的滤镜,我们早已习以为常。我们无法想象摘掉滤镜的世界是什么样子,也无法想象别人会以不同的滤镜看待世界。因此,当我们面对滤镜之外的世界时,类似的话就会脱口而出:"这怎么可能呢?""人类怎么会这样?"

如果经常产生这样的想法，那你应该自查一下是不是戴着"世界应该这样，人类应该这样"的"滤镜"在生活。为什么会这样呢？因为我们是人，所以什么都有可能，不管发生什么事都不足为奇。

人类的特性并不适用于非0即1的二分法，而是均匀分布在连续的曲线上。例如，在IQ分布图上，大多数人的IQ值集中在100左右，越向两端延伸，分布密度越低。但处在极端值的人也是真实存在的。例如，在精神疾病倾向的检测结果中，多数人都处于平均值，但也会有一小部分人处于极高或极低的端点。

我们通常所说的常识或普遍认知，其实是由各种不同的标准随意形成和融合的结果。现实中总会存在超越常识的人物和超越想象的事件。**学会接受世界上存在许多与自己不同的人以及不符合自己标准的人比符合标准的人要多的事实，这是迈向现实的第一步。**

如果很难察觉自己在看世界时戴着什么样的滤镜，那么请仔细审视自己在日常生活中使用的语言和思考方式。例如，在看到路边的垃圾时，你是否疯狂摇过脑袋："人类正在对地球造成危害！"或者看到一辆车放着停车位不用，却停在大楼门口时，你是否会想："多走几步路会死吗？只顾自己太自私了！"又或者在拥挤的通勤路上，别人的肩膀碰到你时，你是否会想："看那个粗鲁的人，希望他跌倒并摔断鼻子！"虽然在这些情况下感到不愉快是件很自然的事，但是如果你所面对的世界总是充满不愉快的人和事，那么你需要审视一下自己的滤镜是否只展示了世界的一部分。

人类在生产很多垃圾的同时也在开发环保技术，人们在违停的同时也会让路给救护车，有些人会在赶路时推搡别人或是超车，但也有些人会抵住大门耐心等待后面的人。在你生活的世界里，哪种人是你会更多遇到的呢？

世界上并不只有无礼和邪恶的人，也不只有友好和善良的人。每个人的内心同时存在着两面，我们每个人都处于道德谱系中的某个位置。这个谱系的两个极端是善和恶。擦肩而过碰到别人时没有道歉的人，和为身后之人抵住门的人，也许就是同一个人。我们无法确定对方是否总是这样无礼，又或者对方刚好那天有急事才会如此匆忙。在了解一个人之前，我们无法知道他到底是一个什么样的人。

此外，即使听到同样的故事，不同的人也会做出不同的判断。因此，在我们确信了解某个人之前，我们应该问自己："我在用什么样的眼光看待对方？""我看到的是他的全部吗？"

这不仅是处理与他人的关系时需要的态度。你对自己了解多少？你是否知道自己平时是用什么样的眼光看待世界的？你是否知道自己受到他人的影响有多大，自己对他人又有多大的影响力？如果我们能够问清楚这些问题，并记住"我可能不了解自己的全部"，那么我们就不会轻率地对自己和他人下结论，而是会更加努力地去了解自己和他人，不断改进和成长。这种态度可以帮助我们更好地与他人相处，也可以让我们更自信、更坚定地面对自己的内心世界。

我们对世界的看法和价值观是从哪里来的？这个问题并不容易解答。有的人会说，这是从出生时就形成的；有的人会认为，这是受环境和教养方式的影响；还有一些人则认为，这是所有因素的综合结果。在本章中，我们将以依恋关系为重点探讨这个问题，以期更好地理解关系的本质。

通常，在讨论依恋关系对于塑造自我和他人形象的重大影响时，人们往往只考虑父母对待孩子的态度。当然，父母的反应确实至关重要。如果婴儿在需要父母关注时，得到了及时的回应和关注，他们对自己和他人的印象就会很正向，他们会认为："我值得被爱、被关心，别人会对我很友善，也会响应我的需求。"

相反，如果婴儿在需要父母关注时，父母却忽略或不做回应，他们对自己和他人的印象就会有很大的不同，他们会认为："我没有任何价值，别人对我也漠不关心，这个世界是冷酷的，我只有靠自己才能活下去。"

如果婴儿在需要关注时，父母的回应总是反复无常，当他们遭遇不可预测的情况时，他们会认为："所有决策权都掌握在他人手中，我无法改变，我必须坚持依附于他人，才能避免被抛弃。"

在与父母不断互动的过程中，孩子天生的性格特质会受到父母的各种反应的影响，也会根据父母的养育方式和风格，发展并形成属于自己的世界观和人生观，这些观念反过来会对父母产生影响。天生谨慎、不喜欢肢体接触的孩子会无意识地回避父母的触碰，或者表现得比较被动，从而让父母感到自己被推开。如果是需求很高、很挑剔的孩子，为了满足他们的条件，父母很容易被孩子牵着鼻子走，从而感到疲惫不堪；如果父母无法满足孩子变化无常的需求，就可能面临与孩子产生争执、发生冲突等问题。

在亲子关系中，由于父母是成年人，通常在情感和行为方面的调节能力比孩子要强，因此父母的角色往往被着重强调。但孩子对父母的影响同样不容小觑——孩子和父母一样，也可以对父母产生特定的反应和影响。

优质的亲子关系不仅会帮助孩子形成对自己和他人的积极印象，还会帮助孩子了解到关系的结构性特征，即一段关系是通过双方的互动而建立的——这一点非常重要。在稳定的依恋关系中，孩子会了解到，父母不是单方面对自己产生影响，自己也可以对父母产生影响。

人们很容易认为，好的父母应该给孩子无限的爱，并且能够及时满足孩子的任何需求。然而，如果父母只是一味地宠溺孩子，孩子会认为父母的奉献和牺牲是理所当然的，而无视父母的需求和情绪。如果父母一直不加分辨地满足孩子的所有需求，那么孩子会把其他人视为一种满足欲望或需求的工具。因此，在稳定的依恋关系中，父母不应该一味地迎合孩子，而是要给孩子足够的空间，让他们自己去探索、学习和成长。父母可以在孩子需要时提供必要的支持和指导，让孩子知道摸索出来的经验是属于他们自己的。同时，父母也应该让孩子知道，他们作为父母也有独立的情感和需求，孩子要学会尊重父母的感受和想法。

当孩子违背父母的意愿并动手打人时，父母要以坚决的口吻阻止孩子的行为，告诉他："哎呀！你这样做会让妈妈受伤，不能打人。"通过这样的举动，父母可以让孩子了解到，在人际关系中有哪些行为是可以接受的，有哪些行为是不被允许的，从而让孩子掌握社交场合的行为准则。当妈妈因为手腕太疼而无法抱孩子时，也要以温和的方式告诉孩子："现在妈妈的手腕很疼，不能抱你，你很伤心吧？等妈妈手腕好了会多抱抱你。"这样一解释，孩子就能够明白父母无法满足他们的所有需求，但这并不意味着父母不爱他们，只是因为某些原因现在无法实现。

这种设立边界的行为应该和孩子的发育水平相适应，也就是随着孩子的成长不断调整。当孩子可以说话时，如果孩子因为愿望无法得到满足又哭又闹，父母就需要告诉孩子："如果你一直大喊大叫，对方就没法听懂你的话。不要哭了，重新表达你的想法。"当父母对孩子的行为给予明确的回应时，孩子很快就能认识到自己和他人都是独立的个体，并且意识到自己的行为会对他人产生影响。

如果一个人经历过不稳定的依恋关系，他往往很难意识到自己的行为会对他人产生怎样的影响，因为在他们的成长过程中缺乏父母的明确反馈。这使得他们在社交关系中难以区分自己和他人的责任，也难以理解自己与他人的关系。

例如，当一个又哭又闹的孩子渴求父母的关爱时，如果父母因为工作等原因无法满足孩子的要求，并且直接抱怨孩子的行为给他们带来了困扰："因为你，我真的快累死了！"孩子的第一反应就是自己是一个坏孩子，而不是试着去理解父母的情况。如果父母最终还是给予了孩子温暖的拥抱和关怀，孩子也很容易继续用哭闹纠缠父母，完全不知道自己的行为会给他人带来困扰或不适。

"现在很难答应你。先等妈妈把这件事做完吧。你越是耍赖，妈妈结束工作的速度就会越慢。"父母需要向孩子解释他们的行为对他人产生的影响，并适当地设立"警戒线"，以帮助孩子逐步建立健康的社交关系。

又如，当一个孩子试图避免接触父母并抑制自己的情感时，他们很难意识到自己的行为会拉远与他人的距离，继而导致孤独感。如果父母对孩子的请求不予理睬，或是表现出不理解："你想让妈妈怎么做？你要自己看着办呀！"孩子可能会觉得自己不受欢迎，这会让孩子持有的负能量越来越强，导致他们认为自己是不受欢迎的人，别人随时可能离开他们。

孩子很容易在自我价值感方面徘徊不定：一方面，他们可能会过度评估自己的小要求，认为这会给别人带来麻烦或不便；另一方面，他们可能会低估自身对他人的影响力，认为自己做任何事别人都漠不关心。父母应该通过实际行动告诉孩子："如果你不说，我就不知道你想要什么。妈妈也不知道该怎么帮你。如果你准备好了，就告诉我吧。"这样才能帮助孩子理解自己的行为和需求对他人产生的影响。

当一个人意识不到自己对他人的影响力时，他们往往把他人看作是虚幻的对象，而不是活生生的实体。即使在接受心理咨询时，他们也会抱有不现实的期待，比如"只有您会认真听我讲，理解我，对吧？"或者"您也不会理解我的，只是为了赚钱才对我说这些话。"他们的行为会根据期待而改变，而忽略了自己对别人的影响。

心理咨询师必须帮助来访者打破不现实的期待，让他们明白自己所面对的人是真实存在的。心理咨询师也是人，他们有时能理解来访者说的话，有时则不能，但他们并不只是为了赚钱。通过这样的方式，心理咨询师可以帮助来访者打破他们在现实中设置的框架，从而与他人建立良好的人际关系。

美国心理咨询师卡尔·兰塞姆·罗杰斯提出了"人本主义"的咨询理念。他认为心理咨询师需要以真实、真诚的态度表达自己的内心体验,这是与来访者建立良好关系的基础。在一个案例中,来访者因为觉得心理咨询师没能理解自己而感到失望。在整个咨询过程中,来访者一直保持沉默。当心理咨询师打破沉默询问来访者是否有所不满时,来访者冷冰冰地回答道:"说了也没用。"这表明来访者对心理咨询师的态度有所怀疑,认为对方并没有真正理解自己。

"如果不说出你在哪些方面感到失望,我就很难了解你的想法。说出来是否有用,也要实际说了才能判断。我很想理解你、帮助你。"为了建立信任,心理咨询师用坦诚的态度向来访者表达了自己的想法,希望来访者能够分享他的真实感受。通过对话,心理咨询师和来访者消除了彼此之间的误解和隔阂,建立起更深入的信任。同时,心理咨询师也表达了自己的真实感受:"听到你说没有用时,我的心很痛。我们一起度过了那么久的时间,但你那样一讲,那些日子好像就变得毫无意义了。"来访者听后大吃一惊:"我不是那个意思。

我当时只是情绪很不好,话才说得比较重。"他问:"老师也会因为我的话而受伤吗?"心理咨询师毫不犹豫地回答:"当然,我也是个人啊。"

来访者那种"说了也没用"的想法不仅是对心理咨询师感到失望,也是一种根深蒂固的心理防御机制。他们对某些事或人存在固定的思维模式,就像戴着"有色眼镜"一样,无法客观地认识和理解问题。一旦对方的话语和行为触发到敏感的神经,就仿佛碰到了"自动开关",他们的"心灵大门"就会顺势关闭。他们会回避与对方沟通,疏离原本该建立的人际关系。这种心理防御机制形成了一种固定的模式,在与他人交往时,很容易让对方感到疲惫不堪,最终转身离去,这也使他们坚定了"说了也没用"的想法。

其实,人与人之间的关系不是单向的:我们既可以伤害别人,也可以给别人带来快乐;我们在对别人产生影响的同时,也会被别人所左右。在认识到这一点的同时,我们应该承认并接受自己在一段关系中的影响力。如果我们不能意识到自身的影响力,我们就会失去在这段关系中的主导权,化身无助的受害者,或是重复陷入毁灭性的关系。此外,如果我们不能意识到别人也有独立的想法和情感,我们就只能期待别人按照我们的期望来行动，而无法真正地了解和接纳对方。

本章将通过建立你我之间的边界，了解掌握关系主导权的过程，同时了解正视并接受他人的意义。此外，本章还将探讨如何在感到厌恶或嫉妒时，明确自己的责任，避免被这些情绪所左右，保持内心的平静。

疑惑:为什么我总是遇到渣男?

不管什么样的关系,你都有需要承担的责任

以2021年为基准,韩国社会中一人家庭的比例达到了33.4%。随着婚姻和生育不再被视为必须完成的任务,"永恒的爱情承诺"这种观念也变得薄弱。尽管爱情的结果不一定是结婚,但是相爱的欲望仍然是一种极其自然的生理现象。当爱情不再受外界压力的束缚时,选择伴侣就需要更加谨慎。因此,"我该和什么样的人交往?""我是否该和这个人分手?"这些问题都变得至关重要。

有些人在独自完成某些事情时很有信心,但在爱情方面却缺乏自信,甚至常常陷入无力感。在一段关系中,存在着"你"和"我"两个角色。在两人之间的互动上，彼此都有应该承担的责任。因此，即使你有很强的意愿好好经营一段关系，也不一定能如愿以偿。如果你在一段关系中屡屡受到伤害，你就可能失去对爱情的信心，变得不再信任别人，也不再相信自己的眼光与直觉。然而，如果我们承认一段关系是由双方共同建立的，我们也就能够接受：一段失败的关系不完全是我们个人的责任，对方也需要承担一半的责任。

所以，我们应该从一段经历中学会了解自己是个什么样的人。我们不应该诋毁对方，诅咒对方未来不顺，或是沉迷于拯救对方的幻想之中。虽然这些情感难以避免，但如果我们一直沉溺其中，就会不可避免地重演过去的失败。

因此，我们不需要把对方的问题看成自己的责任。无论是正在进行一段关系或是早已结束的一段关系，我们都要明确自己的责任，同时要让对方承担他们的责任。这才是维持一段健康关系的基本原则。

如果反复建立不健康的关系

"先爱自己才能爱他人""得到过爱才能给予别

人"，这些陈腔滥调对于那些没有得到过父母良好照顾的人来说，反而是抹消不掉的伤疤。但这些话之所以广为流传，原因就在于它们揭示了一些爱情的真相。这个真相就是，大部分与爱有关的问题，只有直面自己真实的内心，知道自己是谁，接纳自己和他人的本来面目，才能看清对方的真正需求和愿望，从而有判断力地处理好彼此的关系。

通过与父母建立健康的依恋关系，我们能够理解人的立体性，以综合多元的方式理解世界。如果我们视自己和他人为完整的独立个体，我们就能够接纳彼此的界限和弱点。但是如果我们没有树立健康的内在表征，选择和维持爱情就会变成一个痛苦的过程。即使遇到了不同的人，我们也可能重复相似的关系模式，很难摆脱困境。经历了数次痛苦的爱情之后，我们开始意识到问题并不在对方身上，而是出于我们自身。

有的人说："即使是一段新的关系，我遇见的也好像是同一个人。"这里提到的"同一个人"可能是自己内心中的幻想、渴望、匮乏……或者是某一部分的自己。

在健康的依恋关系中成长起来的人，通常更能够分清自我和他人，从而选择适合自己的对象并建立亲密关系。他们保持着自我认同，在寻求亲密关系的同时不会失去自我。然而，如果是成长于不健康的家庭环境中，长期缺乏能够反映自我价值的镜像，这类人会为选择、维持爱情付出很大的代价。他们有的是因为没有机会了解自我，有的是把不稳定的危险关系视为正常。

如果不知道自己是什么样的人，就无法找到这些问题的答案：自己喜欢或讨厌什么、自己相信或不相信什么、自己什么时候会感到安全或威胁。经历过心理创伤的人可能会被一些不可靠或者危险的人所吸引。这些人会触发他们潜意识中的痛苦点，从而产生一种虚幻的爱情感受。因此，许多心理治疗理论都警告人们要小心那些因为热烈追求而开始的关系。

这种强烈的情感反应并不属于大脑皮质掌控的理性区域，而是由掌管情绪反应的原始大脑和边缘系统所驱动。这些反应可能已经被深深地烙印在我们的脑海中，无论我们如何努力地规划和选择，它们也会一遍遍地重复，让我们无法摆脱。当我们经历一段惨痛的离别，告诉自己"我再也不会这样了"，甚至努力寻找更明智的选择时，我们仍然会陷入相同的境地。"我知道该如何做，但我的内心并不如我所愿"，这就是被过去的经历无意识束缚的征兆。

痛苦的爱情不是爱情

在一段关系中，大部分问题都源于无法守住自己和他人之间的界限。如果我们有坚定的边界，并且能够灵活地判断应该与他人保持怎样的距离，就能恰到好处地维持一段良好的关系。但是，对于那些边界过于脆弱和模糊的人来说，他们无法保护自己免受他人的侵入。他们难以表达自己是讨厌还是喜欢。除此之外，有的人还很难尊重他人的意愿，甚至会强迫别人接受自己的意见，而无视自己的行为对他人造成的负面影响。

喜欢把想法强加给别人的人，和总是被别人带着走的人，本质上都有一个共同问题，那就是不能明确彼此之间清晰的边界。因此，这两种人要么变成针锋相对的"冤家"，要么被强大的吸引力拖入爱河。爱与恨这两种情感就像是一枚硬币的两面紧密相连。一个人可能会同时拥有这两种情感，并在这两种情感中转换。

当一个以自我为中心的人与一个无法对自己负责的人在一起后，通常会演变成破坏性的关系。这是因为他们彼此间的边界过于模糊。众所周知的"煤气灯效应[①]"即

[①] 煤气灯效应，又称煤气灯探戈、煤气灯操纵，是指对受害者施加的情感虐待和操控，让受害者逐渐丧失自尊，产生自我怀疑，无法逃脱。——译者注

是由于边界模糊导致的。这种建立在爱情之上的关系，相较于普通的人际关系，在心理和物理层面都更容易拉近彼此的距离。一旦双方界限模糊，就会以更具有爆炸性、更致命的方式产生影响。虽然表面看起来是其中一方受到了无休止的牺牲和伤害，但是如果深入探究，就会发现他们之间的边界不清晰，彼此竞争，相互伤害，由此导致混乱和矛盾的情形出现。同时，那些无法保护自己的人，由于不能履行自己的责任，还会把自己的责任转嫁给别人。

一个心怀自私种子的人，如果和一个无法对自己负责的人在一起，很容易堕落成恶人。因为无法对自己负责的人内心很脆弱，这样的内心会成为培育恋人自私种子的土壤。因此，为了斩断这种不健康的关系，我们必须明确自我所有权。"我这么做都是为了你，除了我还会有人对你这么好吗？"当面对这样的挑衅时，我们要坚定地表明自己的态度："你根本不是为了我，我相信真正的爱不需要这样的牺牲，我不再需要你的爱了。"这也是对自己和他人负责的表现。为了做到这一点，我们需要对"毁灭性的爱情"有一个新的理解——必须记住，太痛苦的爱不是爱。

爱情也需要标准

如果你能承认自己在一段关系中存在缺陷，并且一直重复建立类似的关系，那么在选择新的交往对象时，你就需要更加谨慎。这并不是要求你远离所有的人际关系，而是在选择一个人之前，你要花时间回顾自己是个什么样的人，检查自己是否具备健康、稳定的心态，来建立一段互相尊重和相互支持的关系。如果你只靠外貌、学历、职业、财力等外在标准来挑选伴侣，或者只关注对方对自己的喜爱和投入程度，那么你就需要从外部转向内部，从他人转向自己。当然，这并不是说外在条件和他人的意见不重要，而是需要抓住平衡点，重新审视自己的标准。

我们需要了解自己是个什么样的人，追求什么样的价值观，在一段关系中能做什么、不能做什么，哪些是我们期待获得的，哪些是我们可以妥协的。这些问题并不能仅凭想象就找到答案，需要亲身经历才能有所领悟。因此，我们不应该用一种防御性的姿态面对新的关系，而应该把这些问题看作是寻找答案的过程，认真思考，努力探索。如果我们已经下定决心，那么我们需要和交往对象保持一个相对舒适的距离，认真观察对方是个什么样的人。"他喜欢我""我需要尽快回答""我不想伤害他""我害怕被拒绝""我不理解他为什么会喜欢我""他知道我的真实面貌后会失望"……我们不应该被这些因素所影响,草率地与对方交往或分手。

你需要判断自己在一段关系中有没有如下感受:和对方在一起会感到快乐;觉得对方是一个好人;自己也希望变成更好的人;觉得自己能够承受对方的缺点等,这是一项必须由你自己完成的任务。即使你在网上发帖列举对方的行为举止和外在条件,并且询问网友:"我该不该和这个人交往?"也无法得到确切的答案。毕竟,第三方获得的只是片面的信息,而你在现实中遇到的却是立体的人,哪怕所有的信息相加,也无法呈现他的全部面貌。所以,要想了解一个人,必须先了解自己。

如果不能立即做出选择,你就需要和对方说清楚:"我还需要一点时间,让我多考虑一下吧。"当你这样说出自己的想法时,对方的反应是你所不能控制的,那也是他所需要承担的责任。如果对方愿意配合你的步调,你们就能共同谱写一曲动人的"人生华尔兹"。但是,如果对方坚持自己的节奏,你们接下来就可能会遇到许多问题。你需要根据对方的反应,判断自己接下来该采取什么行动，这也是你的职责所在。在你们配合着履行各自责任的过程中，你们的关系会变得更加深厚，也能更加清楚地了解自己和对方。不过，在说明自己的想法时，你需要考虑到对方有可能会拒绝，你们的关系也会因此画下句点。但是，通过履行自己的责任，你可以更积极正向地看待自己。在这一过程中，你也充分尊重了对方的自由意志。

不做爱情待罪的羔羊

在开始一段关系时，尽管我们会投入足够的时间和精力进行判断，最终也有可能做出错误的选择，并且重蹈覆辙。这时，我们需要做出决定：是维持这段关系，还是结束这段关系；是原封不动地掩盖矛盾，还是积极努力地解决问题。无论选择如何，我们都要对自己的决定负责，并承担随之而来的责任。同时，我们也要不断地了解自己和另一半，以便在日后需要的时刻，决定是要维持还是结束这段关系。

"爱情怎么会变呢？"如果你像这样一味沉溺于过去的爱情，对变化视而不见，那么你就无法改变现实，也就不可避免地会成为不幸关系中的牺牲品。因此，你应该优先考虑自己在一段关系中的责任和义务，了解自己的选择所带来的后果，而不是把注意力放在掌控他人上。

如果你无法尽到自己应该承担的责任，那么你的良心就会不断被谴责，你也将一直处于受伤害的状态。"我明明什么都没做，为什么却如此辛苦呢？"尽管你可能会感到委屈和痛苦，但现实中不存在完美的世界。每个人都在追求自己的欲望，我们需要认清自己的需求并为之付出努力。如果只是被动地生活，不去积极面对并满足自己的需求，那么就很难防范负面影响的侵入。大多数人只是在不经意间顺势踩下脚底的石子而已，也许根本没有恶意。当然，这并不代表着他们踩踏石子的行为就是正确的。我们只有行动起来，才能够在现实生活中立足。

有些人可能会将自己被无情践踏的经历归结为"对方真的很'垃圾'，是我的人生中的'污点'"，并试图忘记这些经历，这样就可以避免自责和内疚。人类的认知系统喜欢简单明确的事物，而且追求完整度。因此，二分法的判断方法可以减少精神能量的消耗。然而，经过简化并掩盖问题的结论，会不断地让这些经历重现，使你做出重复的选择。这是因为二分法会让你忽略真相的碎片，当你面对现实时，会不断地将世界扭曲成不符合现实的框架。

"他的行为真的很糟糕。我真的很受伤。但也因为这一点我才爱上他。会被牵着鼻子走，我也不是没有责任。"在心中全然承认对一个人的爱和恨，是件非常痛苦且需要勇气的事情。然而，从长远来看，这些痛苦的故事都将化为真相，并成为我们认清现实的基础，让我们了解到，比起简单的黑白两界，灰色地带更为宽广。通过这些经历，我们就可以更好地认识自己和他人。

只有认识自我，才能看清的真相

俄狄浦斯可以说有着希腊神话中最悲剧的爱情命运。俄狄浦斯的父母是忒拜的国王和王后，他们听说了一个预言：他们的儿子将会杀死自己的父亲、迎娶自己的母亲。为了逃避命运的安排，这对父母将俄狄浦斯弃之荒山。长大后的俄狄浦斯在命运的安排下误杀了父亲，在解开"斯芬克斯之谜"后成为忒拜的国王。因为不认识自己的母亲，俄狄浦斯迎娶了对方为妻，也因此让国家陷入猖獗的瘟疫。最终,他不得不去寻找瘟疫的罪魁祸首和解决方法。

俄狄浦斯并不仅仅是一个弑父娶母、近亲相奸的神话故事,还因其所涉及的"俄狄浦斯情结"而为大众熟知。弗洛伊德之所以将此作为精神分析的主题,是因为俄狄浦斯讲的就是在寻找自我的过程中,与真相斗争的故事。

俄狄浦斯的亲生父亲拉伊俄斯担心王位会受到即将出生的儿子的威胁,他的亲生母亲伊俄卡斯忒也在潜意识中担心自己会将更多的爱倾注到儿子身上,便以预言为借口抛弃了亲生儿子。因为他们不敢面对内心深处的恐惧,由此导致了悲剧的开端。不明真相的俄狄浦斯误以为养父母是自己的亲生父母。他害怕预言成真,选择离开养父母,却因此走上了悲剧的道路。

在俄狄浦斯和父母抑制自己情感的家庭关系中,嫉妒、欺骗、怨恨和愤怒等消极情感应运而生。这些情感是人类所共有的,但他们却不愿意承认自己的内心存在这些负面情绪。

伊俄卡斯忒既是俄狄浦斯的母亲,也是他的妻子。当一切都真相大白时,她无法承受这样痛苦的现实,选择结束生命来逃避真相。俄狄浦斯则选择勇敢面对自己的罪行。虽然在一开始，众神为俄狄浦斯辩护说："他只是预言的牺牲品。"但俄狄浦斯拒绝逃避自己的责任，他坦白自己的罪行："不，那是我做的。"并接受了惩罚。最终，他在晚年找到了内心的平静，也接受了自己的命运。

"早晨用四只脚走路，中午用两只脚走路，晚上用三只脚走路的动物是什么？"这就是著名的"斯芬克斯之谜"。俄狄浦斯之所以能够解开谜题，是因为谜底就隐藏在他的人生经历中。当他被亲生父母抛弃时，脚上被钉了一枚钉子。穷极一生，俄狄浦斯都在思考这枚伤疤的意义。最终，他找到了谜底，就在他自己身上。于是，他选择成为掌控自己命运的人，而不是被命运摆布的牺牲品。

如果不能从过往的经验中真正地认识自己，只是一再建立毁灭性的关系，那你不过是在逃避一段关系带来的伤痛。虽然你确实在这种关系中感受到痛苦，但你的心中仍然抱有希望："这次会不同""对方会不一样"，这其实只是在重演悲剧。

这些幻想曾是保护你的安全装置。面对痛苦的现实，一旦失去它们，你就会感到巨大的恐惧和失落，进而很难找到生活的意义。然而，只有完全直面这种恐惧和失落，勇敢地面对过去和现实，承担自己应该担负的责任，你才能在生活中踏出新的一步，迈向更美好的未来。

倦怠：三年之痒，爱情也会"过期"

爱情的"保质期"只有三年？

不知道从什么时候起，"爱情是一种食物，保质期只有三年"的说法广为流传。这个期限可能是基于恋爱时大脑释放的神经递质——多巴胺或苯基乙胺的分泌时效来判断的。在度过两到三年炙热的"蜜月期"后，人们会因为激情退去而深感倦怠，开始关注其他更有吸引力的对象。此时，原来的"滤镜"失去效果，恋人的缺点也变得格外明显，而自己的耐心和宽容则被消耗殆尽。

如果是还没有结婚的恋人，这个时候或许就应该选择分手，给彼此留下一个渐行渐远的背影。如果是已经结婚的夫妻，大概率会选择继续履行义务，把对方看作

"室友"，过着平淡的日子。曾经鲜活甜蜜的婚姻，如今变成空壳一般，敲一下，连回音都透着寂寞的味道。还有一些人会无法忍受乏味的日常，最终禁不起诱惑导致婚姻危机。

并不是所有的爱情都会在短暂的欢乐之后以束缚和懊悔告终。作为有机生命体的人类，我们当然不能否认受荷尔蒙支配的事实。但爱情并不只是鲁莽的狂热，也不是快感的代名词。那么，当荷尔蒙消退后，爱情还能持续多久？

看着手牵手、缓步前行的老年夫妻，我忽然想知道他们在一起度过的岁月里都经历了什么。选择爱情就等同于承担责任；想让爱情持续下去，同样需要直面自己内心的勇气和责任感。

精神分析学者奥托·克恩伯格经过研究发现：爱情萌芽于性冲动，通常会经历性渴望的阶段，最终升华为更深厚、稳定的成熟性爱。成熟的性爱不仅仅是身体上的行为，还涉及我们内心的情感、价值观和责任感等方面。因此，在性行为中我们应该承担起责任，建立有意义的联系，并愿意为对方做出牺牲。

一个人的成熟并不仅仅是年龄的增长，性成熟也不是简单的自然发展。当一个人坠入爱河时，他们通常会依赖对方的反应,十分重视彼此间的互动。但是,如果要维持这段关系并使其更加深入,就需要双方进行深入了解,维持好"自我边界",在保持自我独立性的同时与对方建立起心理联结。

如果这种边界不够稳固,爱情通常会随着时间的推移高开低走。可能对方从未真正进入你的内心世界,或者你从未有机会深入了解对方。在你们的内心深处,爱情以光芒四射的激情开始,但是随着时间的流逝,留下的只有满心失望和无法治愈的伤口。

能够成熟驾驭爱情的人,双方围着一个中心转动,各自形成一个同心圆。随着岁月变迁,同心圆也在不断变化:时而靠近,彼此依靠;时而保持距离,拥有各自独立的空间。爱情就在这种共同价值观的基础上,建立起一个可以被共享的"宇宙"。

为了各自独立,也为了相互成就

在谈到爱情的前提条件时,人们常常会说:"只有各自独立,两个人才能更好地在一起。"这句话反映了爱情的本质矛盾:为了守护爱情,我们一方面需要意识到个人独立的重要性，建立坚定的自我边界；另一方面，我们也需要一种能够与所爱之人"同频共振"的超越性。

成熟的爱情关系需要双方具备"分离性"和"超越性"，这种能力与儿童的心理发展过程有着相似之处。 心理学家玛格丽·马勒认为，儿童的心理发展过程与养育者的共生经验和分离个性化阶段密不可分。根据这一理论，婴儿在出生后两个月内处于正常的自闭阶段，对外部世界不感兴趣。

之后，婴儿开始模糊地感知外部世界。在这个阶段，婴儿经历了与母亲一体化的共生阶段，认为母亲和自己是一个身体。他们无法区分母亲和自己，会将自己的妈妈当作一个能够立即满足自己需求的存在。当他们饿了，妈妈会喂他们；当他们哭泣时，妈妈会拥抱和安慰他们；当他们上厕所时，妈妈会给他们更换尿布等。

在婴儿四五个月大时，他们逐渐意识到自己是独立存在的个体，进入分离和个性化的过程：分离是指逐渐摆脱与母亲的共生，并独立面对外部环境；个性化则是指逐渐具备自己的个人特质。

在这个阶段，婴儿开始明白：即使他们再怎么哭闹，母亲也不一定会立即响应，不再是那个立刻就能满足自己需要的存在了。母亲有时会笑，有时会生气，有时会离开，有时会回来。这个过程大约会持续两年。有人认为这个时期是人类最初的不安和孤独开始形成的时期。

"再也没有一个人可以像母亲一样完全爱自己、满足自己的需求了。"这种认知并不完全是令人伤感的，重要的是会让婴儿开始区分自我和他人，学会自主地探索和利用世界。在这个过程中，婴儿不仅能获得独立自主的能力，也能掌握与他人共同协作的能力。

在这种"分离-个性化"的过程中，婴儿对于自我和他人的认识会形成具体而综合的形象。婴儿会意识到自己和母亲是两个不同的存在：母亲既是给予自己爱和关注的对象，也是自己表现不好时发出批评的对象。认识到这一点后，婴儿会将这些不同的经历和情感整合起来，形成自己的综合个性。同样，通过整合母亲亲切友好的样子和可怕失望的形象，婴儿会开始把他人也视为完整且独立的个体。

成年人的爱情会经历类似的发展过程。经过初期的甜蜜相处，彼此会逐渐意识到对方与自己的不同之处。随着时间流逝，双方了解越来越深，原本的好感逐渐演变成负面情绪，伴随而来的是陌生的感受，怀疑对方是否真的适合自己："我真的了解这个人吗？"在爱情中，存在想要与对方融合为一体的欲望，同时存在想要明确彼此差异的欲望。两个相爱的人需要面对并克服一些难题和挑战，同时要学会平衡自己和伴侣的优缺点，从而达成一种互相补充、改进的关系。

承担彼此的需求，尊重彼此的不同，珍惜爱情的好坏两面，才是守护爱情的有力支撑。

连自己都无法好好爱的人

精神病理学上有一个术语叫"自恋型人格障碍"，指那些严重缺乏爱心，不懂得爱别人的人。这些人的特点是自我评价过高，无限制地追求成功和权力，在人际关系方面缺乏同理心甚至爱占便宜。他们会将人类的价值按照自己的标准进行排序，并通过贬低别人以证明自己很优秀。

从心理动力学的角度看，自恋型人格障碍的心理世界可以简单地总结为"缺乏爱的能力"。其实，在我们生活的世界中，存在着各种各样的具有自我中心特征的人，只是远远没有达到病理水平。现代社会越来越鼓励和强化自我中心的倾向，使得"爱"的含义似乎也被淡化了。

自恋型人格障碍的起源可以追溯到希腊神话中的纳西索斯。纳西索斯沉迷于自己在池塘里的美丽倒影，最终溺死在池塘里。人们可能会误以为"自恋"是指对自己的过度爱慕或没有根据的自信，但是根据范德瓦耳斯的说法，患有自恋型人格障碍的人不仅仅是只爱自己而不爱别人，他们连自己都没有办法好好去爱。

纳西索斯过分沉迷于自己的美貌，无法关注自己的其他方面。他一直盯着水中倒映的美丽面孔，内心深处却隐藏着恐惧，他意识到：一旦停下来不看自己，自己可能就会消失。

此外，纳西索斯无法忍受自己作为人类的不完美，因此不断地审视自己，寻找自己可能存在的缺陷。在这个过程中，除了美貌，他的其他人类特性都被抛在了池塘之外。

患有自恋型人格障碍的人将所有的心理能量都集中在自己身上，丝毫不关注其他人。对于他们来说，其他人就像是被推到池塘之外的自己，他们将自己不能接纳的面貌投射在其他人身上，将对方当作满足自己欲望的工具。

大卫·芬奇导演的电影《消失的爱人》讲述了一段扭曲的爱情故事，故事的主角是一对不会爱人的男女。表面上，他们是一对完美的恩爱夫妻，就在结婚5周年纪念日时，太太艾米却神秘失踪，丈夫尼克则被当成杀人凶手。电影将焦点放在了艾米身上。为了报复有外遇的丈夫，她用自编自演的方式策划了这出可怕的失踪案。同时，为了满足自己的欲望，艾米不惜做出杀人的疯狂举动。

　　然而，作为丈夫的尼克也并没有尊重自己的伴侣。从电影中可以看出，他建立了一种片面的人际关系，也就是只与对方的某些特定部分建立联系，并根据自己的需求和欲望来决定与对方保持怎样的关系。他与美丽的哈佛毕业生艾米相遇并坠入爱河，缔造了令人羡慕的婚姻。但是随着时间流逝，他开始对艾米感到厌倦。因为尼克在婚前爱上的艾米是符合他幻想的理想女性，但他对艾米的本质没有兴趣。

　　事实上，受有自恋倾向父母的影响，艾米的情感和心理也向自恋者靠拢。作为父母所写的童话故事《神奇的艾米》（*Amazing Amy*）的主角，肩负着父母和社会的期待，艾米一直活在一部"戏剧"中，一生都在欺骗自己。

如果尼克真正了解艾米的本质，他就可以发现妻子内心深处的空虚和破坏性欲望。如果尼克真正爱艾米并完全接纳了她的阴暗面，他就不会把婚姻看作是去往天堂的特快列车或是人生中的彩票。但是，尼克将艾米视为"华丽的奖杯"，所关注的只是妻子的华丽又闪耀的一面，而对于她黑暗又脆弱的一面，完全没有兴趣。

与此同时，尼克的双胞胎妹妹玛戈是他的另一个分身。玛戈始终支持并安慰着尼克，成为他心理上的避风港。每当尼克遇到困难时，玛戈就会成为他的倾诉对象，玛戈也会扮演母亲的角色给予尼克关爱和保护。尼克并不关心妹妹是一个怎样的人，有着什么样的欲望。对他来说，玛戈只是一个可以倾诉心事、寻求安慰的对象。

事件的开端——尼克的外遇对象，是尼克的学生。她非常年轻，有活力，性感迷人。尼克希望通过她实现自己对浪漫爱情的幻想和渴望。对尼克来说，其他人只是满足自己欲望的工具。

如果尼克能将艾米、玛戈和那个女大学生视为独立的个体，他也许会意识到自己的选择和行动会给她们带来伤害。但是对于那些缺乏爱的人来说，他们同样缺乏负罪感。外遇反映了一种在现有关系中无法弥补的欲望，会促使人们寻求关系之外的满足。这实际上是一种片面的关系，使得尼克很难将自己和其他人看作完整的个体。

在艾米和尼克的这段婚姻关系中，他们并没有随着时间的推移加深对彼此的理解，而是互相操纵、剥削对方，以满足自己的需要。很难说清楚他们中的哪一个人责任更大，也很难区分出谁是这段关系的牺牲者。也许，在电影中，他们的孩子会承担起悲惨的命运。

任何爱情都有谢幕的时刻

没有一段关系是完美的。在长期的恋爱关系中，彼此的差异和矛盾总会有暴露的那一天。你们可能会觉得对方已经变得有些陌生，也可能会因为对方的某些行为或性格上的缺陷感到不满。在这种情况下，我们很容易受到其他有吸引力的人的影响，甚至会考虑寻找新的伴侣。这是爱情不可避免的一面。然而，从个人的角度来看，爱一个人并守护这段感情，并不仅仅是履行道德上的责任和义务。

心理学家卡尔·荣格的继承人玛丽·路易斯·冯·弗

朗茨将"忠诚"定义为"对对方的本质保有最基本的忠诚""不伤害对方内心最深处的忠诚"。如果想忠于对方的本质，就需要正视并了解对方的本质，持续保持关注，了解对方是什么样的人。此外，这种忠诚并不排斥自己追求自由或让对方享有自由的可能性。

由此可见，爱情是两个个体自由相遇后，共同构建各自的世界并一起走向未来的一段旅程。

成为自己是一个持续的变化和成长过程。真心爱一个人并守护这份爱也并非有着明确终点的比赛。想要守护一段爱情，不需要每一刻都全力奔跑，而是要用从容的姿态观察这段关系在生命长流中的变化。此外，无论是分手还是死亡，所有的爱都有终点。但奇妙的是，当我们意识到每个人都不一样，而所有的爱都会结束时，爱情反而会变得牢不可破。

接纳:爱你"本来的样子"

爱是充满矛盾的

在前文中我们探讨了爱的本质矛盾。相爱就是承认分离和统一共存,承受爱恨交织的双重情感,将自己和对方的好坏相融合的过程。如果爱的本质就是这样,那么爱一个人就等于在充满矛盾的现实中立足。想要从激情燃烧的浪漫转变成成熟的爱情,就需要进入这种不完美而复杂的现实。心理上还要具备健康的内在表征,以便作为安全机制应对幻想破灭和面对现实状况。

"对对方的本质保有最基本的忠诚"意味着尊重和信任对方的本质。然而,爱一个人的本来面目,接受其中存在的矛盾和不完美之处,是一件极其困难的事情。在围绕着爱情关系的众多矛盾中,存在着接纳与变化的矛盾。有时候我们渴望真正地接受恋人的一切，但也渴望通过这种关系让自己成为比现在更出色的人；或是对恋人的成长抱有期望，希望对方成为自己幻想中的白马王子或美丽公主。

"点到为止"的浪漫爱情

爱情的萌芽始于我们对某个人的投射、想象和期望。爱上某个人就是把自己的欲望和梦想投射到对方身上。如果没有这种投射，两个人之间就不会产生吸引力。因此，当两个人坠入爱河时，大脑也会陷入疯狂，自然就看不到对方的真实面目。但是随着时间的推移，狂热会逐渐冷却，激情燃烧的烟雾散尽，我们会意识到自己一开始看到的并不是真实的对方，而是心中所期望的理想对象。

起初，我们会否认事实，试图将对方牢牢抓住，塑造成自己幻想中的样子。在这个过程中，为了掩盖问题，我们会无视微妙的气氛变化，为对方找出各种借口："他现在很忙很累""他之前太忙了所以没有注意到"。我们不愿承认这段关系已经走到棘手的末路；更愿意相信只要短暂的阴霾过去，就能回到曾经充满激情与幸福的时光。虽然美好的回忆可以成为应对现实困难的动力，但是我们也应该承认，正如我们在成长过程中遇到的许多困难一样，当下的困难也是亲密关系的一个发展阶段。那些想要重拾浪漫的人，会要求对方付出更多的承诺和牺牲："如果你爱我，你就应该做到这个程度。"他们仍然试图将自己的想象加诸对方身上，将其限制在既定的"牢笼"当中。他们很难承认自己看到的并不是对方的全部，也很难承认自己将想要的那一面被无限放大了。

随着浪漫关系的结束，想要回归以前生活的人会感到伴侣的要求越来越沉重，开始质疑爱情的价值。他们会高声抱怨："整天只知道谈论爱情，爱情能当饭吃吗？我的私生活在哪里？"他们认为"如果对方真的爱自己，就应该认可自己真实的那一面"，而不是不停地要求更多。

这些人也有幻想——他们希望即使自己不照顾对方，对方也能独立生活，而当他们需要的时候，对方能够在他们身边。他们希望另一半像理想的父母一样允许自己做任何事情，给予自己无限的自由和爱。

我们太不同了

以上的例子是情侣之间的典型矛盾,是由亲密感和距离感发生冲突所导致的矛盾。在这样的亲密关系中,一方希望得到更多的关注和爱,另一方则想要保持适度的距离。

"如果你爱我,就应该给我想要的。"

vs.

"如果你爱我,就应该让我做我想做的事。"

这两种说法都有道理,但也只是爱情的其中一面。这里谈论的是对方应该承担的合理义务,却没有考虑自己在这段关系中能够贡献什么、应该承担哪些责任。他们像债务人一样只接受对方的付出而不思考如何回报,同时要求对方偿还自己心灵上的债务。

在一段不够成熟的亲密关系中,如果两个人都只考虑自己的需求,扮演着"追求者"和"逃避者"的角色,彼此之间很容易产生隔阂。在这种情况下,人们会根据自己的需求篡改真相,并按照自己的逻辑给对方贴上"自私"的标签,双方最终会因此感到厌倦,结束现有的关系。有时，随着角色的对调或转换，原来的"追求者"也许会变为"逃避者"，寻找属于他们的新一段关系。

无论各自的立场如何，在浪漫爱情的终点，我们都会直面清晰的现实，即"我们太不同了"。 坠入爱河的原因可能成为分手的原因，最初两个人就是因为彼此不同而相互吸引，最终也是因为彼此不同而选择分开。

然而，在这个世界上，没有相同的两片叶子。即使两个人拥有相同的想法、价值观、生活方式和魅力指数，他们就能永远相爱吗？如果一个和你一模一样的人突然出现在你的眼前，你会毫不犹豫地坠入爱海吗？

就像纳西索斯沉迷于自己的美貌溺水而亡，坚持和与自己相似的"双胞胎"交往，这样的行为犹如毁灭的前奏。拒绝承认彼此的不同，只选择符合自己幻想的模样，这就是会毁灭爱情的自恋欲望。如果拒绝承认这一点，那么只会继续受爱情的伤。就像自恋者为了保护脆弱的自尊心，寻找只映照自己外表的镜子一样，不成熟的人很难克服自我中心主义的倾向。

接纳不等于忍受

爱情不是幻想，不会因为恋爱的终结而凋谢。那么想要关系变成熟，需要做些什么呢？真正的爱情是"对对方的本质保有最基本的忠诚"，也就是说，要认可对方的本质，允许对方做自己，这时你最需要的心理资本就是"接纳"。"承认并接受对方的不完美""强扭的瓜不甜"这些话也在表达相同的意思。话虽这么说，实践起来却很难，所以大部分人通常会继续痛苦的关系或是重复相同的模式。例如，有些人即使下定决心要接受对方"本来的样子"，还是会扪心自问："我无法完全接受原本的他，难道是因为自私吗？"继而陷入自我怀疑："早知道这么痛苦，为什么要继续这种关系？"

但是接纳并不等同于忍受。认可对方原来的样子，承认对方的不完美，并不意味着放弃你在这段关系中的所有期待，也不意味着就必须迎合、顺从对方的要求。忍受消极情绪带来的不适，在心理学中被称为"痛苦耐受力"。适度的痛苦能够增加人们的幸福感，但是过度的容忍会损害身心健康。将自己置于痛苦之中，过度容忍以至于伤害自己，是"痛苦耐受力过高"的表现，这种表现是完美主义和恐惧负面评价所创造的产物。这样的人往往不想让别人看到自己的缺陷，同时会因为没有达到期望值而感到挫败。

接纳就是接受人类与生俱来的本性。过度忍耐痛苦是否认人性的表现。过度受他人影响与接纳的概念更是相距甚远。因此，如果你一直在忍受痛苦，就必须考虑这样做是为了谁，目的又是什么。如果你认为只有自己忍受痛苦，别人才会快乐，那么这就相当于你拿自己的人生做抵押，去还别人的债。

在亲密关系中，虽然我们需要一定的忍耐和包容，但这并不意味着要一味地忍受痛苦，而是需要更深入的思考和积极的努力。如果为了改善一段关系所付出的努力都无济于事，只是在不断地忍受痛苦，那么放手也许是更好的选择。就像爱情可以给予个人成为自己的自由，接纳也意味着需要接受可能会分手的结局。

接纳现实，产生变化

"接纳"本身是一个矛盾的概念：一方面强调"放下控制的欲望或想法"，一方面又要"朝着某个目标或方向前进"。我们的人生就像河流，虽然不能逆流而上，却可以控制朝哪个方向流去。从心理治疗的角度来说，"接纳"被定义为"放下负面想法和情绪，朝着个人追求的价值观前进"的过程。我们越是想要摆脱负面想法和情绪，它们越是无法立刻消失不见。一味地否认并回避它们，只会让我们被负能量所摆布。

因此，我们不应该试图消除沮丧和焦虑，而是应该将它们视为生活的一部分。我们应该说"现在很沮丧，先把力所能及的事情做好吧"，而不是"我太郁闷了，什么也做不了"。

在负面情绪的影响下，你会怀疑自己能否做出一些积极的改变。但是，如果能够认清并接受自己内在的负面情绪，就可以将原本用于逃避这种情绪的精力和时间，用于更具建设性的事情上。即使我们有负面情绪，也不代表我们就是很糟糕的人；我们只是现在沮丧，不代表未来一切都会被毁掉。负面情绪只是我们生活中的一部分，而不是我们人生的全部。

在亲密关系中，同样需要接纳和包容对方的缺点和情绪。**如果给对方留出呼吸的空间，不再试图将对方变成我们理想中的样子，就可以建立更亲密、成熟的关系，并产生正能量。**这种正能量可以让两个人实现共同成长。

放下指责，共寻出路

从"接纳"这个概念出发，再来看前文中提到的那对情侣时，不难发现这两个人并没有获得真正意义上的自由。因为他们都无法摆脱控制对方、让对方变成自己想要的样子的欲望。他们在追求亲密关系的同时，试图保持一定的距离。这种双重要求实际上是在强迫对方做出牺牲。在这段关系中，两个人试图改变对方并相互指责，不仅没有解决问题，反而在某个时刻发生反弹，加深了对自我的否定感，导致他们认为自己的存在是无价值的。

"你连这个也做不到吗？"责备他人不能满足我们的期望时，我们不仅攻击了对方，也在伤害自己："我竟然不配从他那里得到爱。"将爱情视为权力的交换是不对的，这种想法会让我们迷失方向。例如，有些人会认为如果自己长得更漂亮，对方就不会那样对待自己。只有成为更美丽的自己，才配得到对方的爱。这样的想法只会让我们陷入一个无底洞，导致我们拒绝接受现实中的自己。

接纳并不代表我们无须为改变而付出努力。换句话说，我们需要及时调整自己消耗能量的方向，将原本用于试图改变伴侣的精力与时间，转而用于提高自己和彼此的关系质量。

将精力投入不可能或没有价值的事情上是徒劳无功的。两个人需要理智地选择什么才是有价值的，并调整努力的方向和节奏。

"不要再计较谁对谁错了，我们一起想想什么才是更好的选择，一起寻找出路解决问题。"主动"破冰"并不会让自己受到伤害，这只是我们在建立亲密关系时要尽到的一份责任而已。

能改变的只有自己

放下试图改变他人的想法并不容易。"只要他能改掉这个就完美了。""难道你不能为了我改变一下吗？"当我们产生这样的想法时，我们应该意识到，每个人都有不足之处，没有人是完美的。比如，你的伴侣对其他人都很亲切，对你却似乎有点冷淡。这其实是个体独特的属性，并不是我们可以轻易改变的问题。正如通过切掉一边的树枝来修剪整个花园的园艺师一般，这么做实际上等同于拒绝了生命的本质。

我们经常连自己的生活和情感都无法好好照顾，更别说成为打理他人生活的园丁了。然而，当涉及我们爱的人时，我们往往认为自己有权力修剪他们的"花园"，于是试图改变他们的个性和行为。然而，当你接受没有人能按照我们的期望进行改变的事实后，你就可以更加清晰地思考："我承认对方无法改变，那么我该做什么呢？"

无论是结束还是保持当前的关系，我们都需要朝某个方向继续前进，因为人生只有向前才有未来。我们无法回到过去的某个时间点，无法回到曾经充满浪漫的世界，也无法回到彼此还没互相伤害、没有感到挫败与失望的时光，更无法回到茫茫人海中互不相识、只是两个陌生人的时候。

两个人的相遇，无论是好是坏，是悲是喜，这些经历相互交织，会让关系中的两个人变得不同。是将这种变化看作一种机会，还是当作已经泛黄的"黑历史"，最终取决于你自己。

陶器虽碎，但爱历久弥新

如果你想继续和对方保持关系，并放下让对方按照自己的意愿改变的欲望，这可能需要更多的勇气。修复一段关系就像修补一个破碎的陶器，即使把它修补好了，也无法恢复到最初那个完美的状态。但是，如果你能够在保留裂痕的前提下，创造出新的纹理，也许你可以开启一段新的制陶之旅，制做出更坚固的陶器。

"金缮"是修补残缺器物的一种技艺，可以让破碎的陶器涅槃重生。虽然还原后的器物不一定是我们期待的样子，也许还会残留一丝未能弥补的缝隙。但正是因为这些缝隙，才有了让两个不同的人彼此理解与磨合的机会，让不一样的"你"和"我"结合在一起发挥最大的潜力。两个人合力创造出的更美好的故事，将成为一种"黏合剂"融化在碎片的缝隙中，让双方真正地重生。

爱一个人与成为更好的自己并不互相排斥。当我们选择接受对方的全部时，会在这个过程中发展出更深层次的关系。当我们选择爱现实中本来的自己和伴侣时，我们也就能顺势承担相应的风险和代价。

憎恶：讨厌一个人是有理由的

爱恨就在一念间

在生活中，总会遇到看不顺眼的人。他们让你感到不舒服，你会忍不住去想："这个人怎么能这样呢？"如果这些人恰巧是老板或同事，在职场中又是抬头不见低头见的，就会让你感到害怕，想要逃离他们。不可否认的是，与人发生冲突或是在人际关系中产生的负面情绪确实是压力的来源之一。

恨与爱一样，都充满了强烈的能量。当我们喜欢上某个人时，我们会关注他的一言一行、一举一动。即使对方不在身边，我们对他的思念也如清泉般时刻流淌在心中。对方稍微表示一点善意，我们就会赋予其特殊的意义："他是不是喜欢我呀？"在和别人交流时，我们也会滔滔不绝地讲述他的事。

就像深陷爱河的人会常常想起所爱的人,当一个人深陷憎恨的暗流时,他的心灵就会被憎恨的对象所主宰。爱恨相通,憎恨与爱都有着对于对象的强烈关注和渴望,甚至可能比喜欢某个人的心情更加强烈。

当我们憎恨某个人时,会受到哪些影响呢?我们会关注那个人的一举一动,即使在深夜,我们也会气得在床上辗转反侧,无法入眠。我们的内心其实存在着很多个"按钮",一旦发现有人和自己一样讨厌某个人时,我们会迫不及待地去按这些按钮,启动并建立情感连接,形成"吐槽"联盟。甚至,有时我们无法控制自己倾泻而出的"吐槽欲",希望自己的想法被证实,希望其他人能和自己同仇敌忾。

但是,一旦我们发泄完憎恨的情绪,随之而来的是后悔和烦恼:"我是不是太冲动了?""我的所作所为会成为别人的谈资吗?""其他人是否也会在背后骂我?"

一个巴掌拍不响

讨厌一个人,其实无所谓理由。你可以讨厌一个人，也许你讨厌对方的理由，在外人眼里"不值一提"。但是，当你对某个人产生憎恨和厌恶时，你越是拒绝承认这些情感也属于自己的一部分，你就越容易沉迷于对这个人的攻击。如果你的内心不够强大，不足以容纳这种憎恨的情绪，就会把这些负面情绪都归咎于你厌恶的人身上。这样，即使是那个人的一个小举动，也会给予恶意的解读，例如："他为什么讨厌我？""他是不是从欺负别人中得到了快感？"在某些时候，我们甚至会像侦探一样，试图揭开对方的真实身份和实际意图。在心理学上，这种怀疑他人的动机并做出过度解读的倾向被认为是偏执型人格。

具有偏执型人格的人，将自己视为受到他人伤害或欺负的对象，这种心理现象是基于被害观念形成的。当这种心理现象被放大或者无法与现实世界接轨时，就可能演变成一种妄想，被称作被害妄想症。

虽然妄想症的程度有所不同，但在出现偏执症状的初期，往往有着合理的原因。如果遭受过排斥、欺凌、背叛等经历，就会产生一朝被蛇咬十年怕井绳的恐惧心理，哪怕是细枝末节也会引起他们的高度警觉。在个人主观世界中，可能存在类似的原因和背景，但现实往往与个人主观世界不一致。因此，如果将过去的标准套用到现在，那么现在那些人将会因为过去的标准被你所误解。

假设一个人因为过去的创伤总是怀疑别人，那会发生什么呢？他敌对、怀疑的目光以及潜意识中的恐惧会传递给对方，即使对方没有恶意，被误解的感觉也不好受。这样的互动最终会导致双方都采取不友善的攻击态度。当遭遇攻击时，这个人内心的怀疑会进一步加深，甚至会这样想："我从一开始就对他印象不好，我的直觉是正确的！"

然而，现在下结论还为时尚早。我们需要问问自己：哪些问题是对方造成的，哪些是由自己引起的。难道我们真的能够斩钉截铁地说"这一切都是你的错，我没有责任"吗？值得留意的是，这样的断言越多，就越容易忽略内心真正感受到的厌恶情绪。也就是说，人际关系是建立在相互作用的基础上——如果我们对自己的角色和责任一无所知，甚至迷失自我的话，就很难在关系中找到自己的正确位置，更不用说与他人建立联结与沟通了。

现实并非尽如人意，我们无法洞察他人的过往。当我们的内心世界成为一个充满仇恨和猜忌的孤岛时，我们会感觉整个世界变得邪恶起来，周围全是坏人，而我们总是牺牲者。

被恨意笼罩

我们虽然生活在同一片蓝天下，但每个人看到的东西各不相同。客观的世界只有一个，但人们心中的主观世界，或者说这个客观世界折射在每个人心中的镜像是截然不同的。当两个人相遇时，实际上就是两个主观世界的碰撞。这个主观世界既反映了我们所处的现实，又是我们基于自己的内心创造的世界。因此，某些厌恶和憎恨情绪的起因与现实背景有关。但是如果只从自己的视角处理问题，"过滤"事物本质的过程也许会变得更加困难，你可能区分不了哪部分是现实，哪部分又是自己内心的产物。换句话说，当我们讨厌某个人时，并不是单纯地因为对方真的很坏，有可能是我们将自己缺失的部分和愤怒的情绪投射在对方身上的产物。

当我们面对违法犯罪或是违背道德的行为时，我们会感到愤怒和憎恶，且这种情绪的反应比较明显，因为这些行为是社会不容忍的，人们对此有着普遍的价值判断。如果我们认定一个人是坏人，那我们会憎恨他。但这种情绪并不会一直持续下去，一旦我们做出了评价，我们就相当于表明了立场，之后很快就能从愤怒中走出来，重新获得内心的平静。

然而，细究之下会发现，有些人并不是一直都非常坏，这会让我们的内心感到混乱。常识和非常识之间没有一个明确的分界线，而是形成了一个起点和终点都不明确的渐进变化，观察的角度不同，呈现出的立体效果也不同。因此，当某个人没有犯什么大错，也没有造成实际伤害，你也很难言语精确地形容对方令自己生厌的原因时，你的内心会变得很痛苦。因为你找不到一个正当理由去讨厌对方，仅仅因为一点小事就讨厌某个人，反而让自己成了一个小心眼的人。

当我们看到自己讨厌的人备受他人欢迎，或是拥有较大的社会影响力，或是既有优点又有缺点时，这些情况会扭曲我们原有的判断。当我们无法将产生厌恶的原因完全归咎于那个人时，就会开始反问自己："到底是什么让我这么讨厌他呢？"

一位女士跟我说过这样的话："我看不惯的人实在太多了。哪怕只有一点瑕疵，或是稍有不检点，我都无法容忍。但很多人却不以为然，和我完全不一样。我很好奇自己为什么会讨厌这么多人呢？"

说这话的女士是一个谦和有礼的人。她为人和善，关爱周围的人，因此深受欢迎。但在她友善真诚的笑容背后，她可能会因为任何一点小错误而感到不安，甚至会过分地揽责。另一方面，她还过度渴望别人的认可，甚至在心理咨询中也会不断征求咨询师的同意，比如询问"我可以喝水吗？""我可以在这里放我的包吗？"

她最讨厌的类型是嗓门大、做事任性的人。即使是生活中的小事，只要她遇到了不征求周围意见、自作主张的人，她心里的厌恶之情就会蠢蠢欲动。这种厌恶之情是从哪里来的呢？难道完全是因为对方错误的行为吗？

根据创立了"分析心理学"的荣格所说，当我们对一个人深恶痛绝，让自己歇斯底里时，实际上"恶"在对方身上投射出的形象，却是我们内心的"阴暗面"。这里的"阴暗面"指的是我们潜意识中的另一种自我形象。它被环境所排斥，不被社会认可。这些被拒绝的碎片聚集在一起，形成一个巨大无形、深埋在潜意识之下的自我人格。在成长的过程中，我们学习了所属的群体规则，扮演着社会要求的角色，并逐渐形成了自己的人格面具。此时，你不想被别人发现自己的缺点，所以你会极力抗拒别人的这些缺点。你在讨厌这些缺点的同时，也在讨厌这个人。换句话说，这就是你内心阴暗面的一种投射。你所讨厌的自己的缺点，被你投射到了别人身上，然后将其贴上"丑陋"和"恶劣"的标签。你不遗余力地把自己描绘成无辜的旁观者，从而逃避需要承担的责任。

在母亲的严厉管教下，做得好被认为是理所当然的，一旦犯下小错则会被严厉指责。这种严酷的评价标准深深地刻在那位来访女士的心里。尽管她的脸上展露出亲切的微笑，但很少有人可以穿过她严密的心灵滤网。此外，她一直在努力寻求他人的同意和认可，却没有被允许"按照自己的意愿自由行动"。在她谦和有礼的面具之下，暗藏着不安和自我怀疑——"这样做我会被惩罚吗？""像我这样的人也可以随心所欲吗？"

她从那些随意行事的人身上看到了自己的阴暗面。"有时我也想按照自己的意愿做事""有时我也希望大家接受我脱下武装的样子"这些需求被她长期压抑。很多时候我们会在别人身上发现自己的一部分，或是别人做了我们不被允许做的举动，这些都会成为我们讨厌对方的理由。

当局者迷，旁观者清

幸运的是，那位女士在寻找原因的过程中，不是从外部环境寻找，而是能够把精力集中到自己身上。她在被无法承受的厌恶所侵蚀之前，找到了自己丢失的碎片。因此，比起一再询问"那个人为什么是那个样子呢？"她改变了思考问题的方向："我为什么不喜欢他呢？"也就知道了自己可以做出什么样的改变。

现在，她可以毫不犹豫地对那些坚持己见的人说："在做出决定之前，听听周围人的建议可能更好。"就这样，虽然她仍然不喜欢对方的行为，但她对别人的厌恶等负面情绪有所减弱。她不仅不像以前那样极端，也改变了自己看问题的观点："是啊，他有那样的一面，我特别讨厌他那个样子。"

那个人的确有那样的个性，但这并不代表我们就可以以一概全，直接断定他就是那样的人。况且，你所讨厌的那种个性恰恰是你自己的特质，并不是对方的错。 当你对世界的认知变得越来越广泛时，你就能注意到以前忽视的东西。"有时候比起征求别人同意，有冲劲地推进反而有更好的效果。喜欢这种处事方式的人也许会因为我的犹豫不决感到郁闷不已吧？"

前文中提到的那位女士意识到，是自己谦和有礼和过于重视原则的习惯让自己变得死板教条、优柔寡断。对于她来说，厌恶某种行为的本源并没有改变。但是，当直面内心深处的厌恶，发现了自己曾经被排斥的某些部分时，她的主观世界就从二元对立中解放了出来，转变为一个充满广泛可能性的多维世界。这样一来，原先被分为黑白两色的东西便获得了更多的层次与维度，而个人的主张也不再那么极端和单一。

给憎恨留出一席之地

我们来做一个小测试：回想一个你讨厌的人（就算没到讨厌的程度，只要是让你看不惯、不愿意亲近的人都可以），然后在纸上把你不喜欢他的地方都写下来。仔细回想这些特征的同时，请喊出这句话——"这就是我！"

"好讨厌！"当你说些这些话的瞬间，令人不安的情感就会愈发强烈，想要逃避的欲望也会变大。你可能在压抑自己的某些部分，并且很难承认它们的存在。而被你排斥的那些碎片散落到各个角落，试图借助他人的反馈来证明自己的存在和价值。

"我是这样的人？绝对不可能！我和他们不一样，好吗？你知道我付出了多少努力吗？"你一定会十分笃定地做出反驳，竭尽全力地向他人证明自己是对的。但是，如果我们承认自己就是一个平凡之人，就不能笃定自己不存在类似的样貌吧？此外，一个人如果厌恶或害怕自己的缺陷，可能就会付出过多的精神能量去隐藏这些缺陷，慢慢地活在面具之下，逐渐失去真正的自我。

在现实生活中，只要没有给他人带来致命性的伤害，无论是厌恶、嫉妒还是愤怒，我们都应该接受这些内心的这些情感。这并不意味着这些情感就是我们全部的人格特质，也不意味着它们就一定会转化为现实。关键是要认识到自己的不完美之处，承认每个人都有光明与黑暗的一面，并努力化解自己内心涌现的负面情感和欲望。只有做一个对自己的情感负责的人，我们才可以更加积极、肯定地面对自己："虽然我的内心也有丑陋的一面，但这并不意味着我就是一个坏人。我仍然是一个优秀的人。"

然而，如果你决意不让内心容纳任何的负面情感，这种"执着"哪怕只有一丁点，也会变成一股破坏性力量，会推动负面情绪向外爆发。俗话说，与己方便，与人方便。对待自己时要采取一种宽容态度，不过于苛责自己,也不让自己沉浸于负面情绪之中,这样才能更好地包容他人。同时,这也会让你成为更好的自己。

当我们能够在厌恶的对象身上看到自己的影子时,我们就不会迷失在仇恨的漩涡中。但并不意味着要你一味地责备自己"都是我的错",然后去爱、去原谅所有的人。然而,**如果我们能够在厌恶的情感中,认识到自己和对方各自应当承担的责任,那么我们就能够避免过度地指责别人或为自己背负过多的责任。**虽然我们不能按照自己的意愿改变别人,但是我们可以调整心态,与他人保持适当的心理距离,避免被厌恶、仇恨等负面情绪所影响。

如果我们能够保持内心的平衡,就能在人生的旅途中把握自己,超越自我,活出想要的人生。

妒忌：形影不离的"朋友"

友情的模样会发生改变

朋友是分享感情的同伴，也是生活中的竞争对手。两个人能成为朋友，或许是因为在某些方面有着相似之处。例如，他们可能就读于同一所学校，居住在同一个小区，或者加入了同一个社团等。因为经常见面，日常生活中就有了更多的交集，友谊也就随之酝酿。在逐渐建立信任和感情的过程中，如果双方的个性、想法极其相似，甚至有机会成为莫逆之交。也就是说，在友谊建立初期，彼此是否认同很重要。在少年时期，同龄人的影响力很大，这使得他们与朋友之间形成了强烈的关联感。因此，"我们很像"也被视为友谊的标志之一。

朋友之间的共通点也会成为嫉妒的种子。人们总喜欢和别人进行比较，比起远在天边的那些人，会更倾向于和近在眼前的朋友进行比较。随着时光的流逝，以前熟络的朋友也渐渐地少了联系，到最后，话都说不了几句。生活中充斥着各种声音：汽车的嘈杂声，电话的响铃声，甚至还有婴儿的哭闹声。繁忙的日常让人无暇顾及友情。好不容易抽出时间和许久不见的朋友见面时，却发现早已物是人非，一切都变得那么陌生，不禁发出"他已经不是原来的那个他了"的感叹。

这样的场景不禁令人有些唏嘘。其实，不必感到恐慌，因为我们与朋友都变成熟了。朋友之间的关系本身就处于不断变化的状态，并且这种变化是关系在成长的信号。

"你变了！和我想的不一样了！"当我们发现朋友的"新面孔"时，不应该简单地说"真的好失望"，而是应该以一种开放、接纳和理解的心态与对方重新建立关系。当我们发现原本以为相似的两个人却存在着差异时，在新建立的关系中，我们不仅能更加清楚地认识自己，还能改变原有的世界观。从这个意义上说，朋友是我们的一面镜子。这面镜子不仅映照出我们的外在形象，也能"照清"我们的内心世界。

优越感和自卑感是硬币的两面

前文提到,影子是我们没有意识到的某些人格特质。冯·弗朗兹曾说过:"我们与那些允许我们做自己的人成了朋友。"或许两个人之间的某种共性是友谊的起点。但实际上,他们具有本质上的差异。朋友可能会做你不能做到的事情,甚至当你发现自己妒忌更外向、人脉更广的朋友时,你可能会认为自己就是一个内向、消极的人,从而变得自卑。

如果我们不能诚实地面对自卑的自己,就很可能会在心里贬低自己的朋友。你也许会有这样的反应:"他表面看起来朋友挺多,实际上心里空虚得很,那些不过是假象而已。"或者,你会误以为朋友也在嫉妒自己。所以,如果你产生了"那个朋友好像总是嫉妒我"的想法,就需要问问自己以下问题:"我是怎样看待那个朋友的?我是否也对那个朋友心存嫉妒之心?"

"绝对不可能!我为什么要嫉妒他呢?难不成他比我更优秀吗?"你越是这样强烈反驳,越是企图展现自己的优秀,就越有可能是在掩盖自卑感。即使你再聪明、再出色,这种自卑感也无法消失,因为它来自那些我们不被认同的人格特质。

人只能做出一种选择，而一旦做出了某个选择，就必须放弃其他的选择，所以任何生活方式都会产生相应的阴影。每个人都有影子人格，越是难以承认自己的影子人格，就越容易将自己的阴影投射到别人身上。在努力变得更优秀、更聪明的过程中，我们忽视和排斥的那一面就成了自己的阴影；而我们越是不承认人生的不公平，就越有可能去打击那些带有这种阴影的朋友。

如果有人说："我不是心胸狭隘的人，从不嫉妒朋友。"这可能是因为他对自己还不够了解，或者是因为过于强烈的道德观念，抑制了每个人都可能会产生的嫉妒情绪。与这样否认自然情感和欲望的人在一起，我们也许会感到对方有些拘谨，甚至会有些不真诚。再者，坚信"我绝不是那样的人"，很容易转变成僵化的价值观和个人信仰。这种强烈的否认往往会变成一种刻板印象和严苛的标准，从而导致他们使用这种标准来评价和批评他人。

一位经营小店的男士常常向朋友表达自己的担忧。他的朋友一直通过银行借贷的方式拓展生意。这位男士不理解朋友的做法，认为这样做只会让朋友的生活变得复杂，没法好好休息。然而，朋友把赚来的钱用在孩子的教育上，还支援孩子出国留学。这位男士却觉得，自己的孩子没有补习都比朋友的孩子学习好，于是依然以"和你说这些，都是为你好"的口吻表达着自己的担忧。

其实，这位男士并不会因为朋友扩展生意而受到任何损害。靠借贷开展业务和把赚来的钱作为孩子的教育资金都是朋友自己的选择。为什么这位男士无法尊重朋友的选择呢？也许是因为他内心缺乏足够的勇气去承担扩大业务规模会带来的风险，或者因为无法为自己的孩子提供足够的经济支持而感到自卑。

有时候，当我们看到那些过着我们无法想象的生活的朋友时，我们会感到嫉妒和危机感。为了证明这些感觉不是我们的，我们可能会用"为朋友担心"的形式进行掩饰。就像这样，我们意识不到的内心阴影常常以扭曲的形态表现出来。

职场妈妈会在身为全职太太的朋友身上看到她献身家庭、养育孩子的影子；全职太太则会看到朋友在职场平步青云、取得成就的影子。如果职场妈妈不能接受和尊重朋友的选择，甚至对朋友感到不屑，她的内心深处可能会存有愧疚感，认为自己无法像朋友那样成为好妈妈或好妻子。这种感觉可能被一直压抑，给自己和别人带来压力。

同样地，全职太太在看到职场妈妈时也许会想："为什么要过那种生活，职场妈妈带大的孩子不都变得性格扭曲了吗？"之所以会产生这种想法，是因为她对自己的生活感到了危机，正在竭力压抑自己对成功和认同的渴望。

没有哪一方是完全正确或完全错误的。优越感和自卑感并非单纯源自客观的优劣评判。我们感到优越并不是因为比别人更优秀，感到自卑也不是因为不如别人。它们是我们对自身不同的人格面貌进行整合的过程中，仅聚焦于其中的一个面貌时，所产生的负面情感体验。

在这个案例中，对全职太太感到失望的职场妈妈，其实是受内心影子的影响，在呼吁她多关心身为妻子和母亲的自己；偷偷贬低职场妈妈的全职太太，也是受内心影子的影响，呼吁她多多展现自己的能力。

借由这样的补偿方式，我们的内心可以达到平衡，从而重生为全新的"我"。因此，不要总是关注朋友的生活，对朋友的人生指手画脚。要认识到你过的是自己的人生，朋友只是你用来观察并发现自我的一个渠道。

世上没有十全十美的人

有时候，我们会发现有些人过着与自己完全不同的精彩生活，看上去非常完美。即使以客观的社会标准看这些人，他们也拥有让所有人都会嫉妒的优点。我们心里可能会想："她既美丽，性格又好，家境还富裕，工作也很出色，还非常受欢迎。如果我是她的话，肯定会非常满足。"渴望拥有自己所不具备的东西，这种感觉是正常的。但是说"那个人一定过着很舒适的生活"就只是草率的臆断罢了。

有句俗话说得好："鬼是没有影子的。"但是作为人类，每个人都有自己的影子，这是无法改变的事实。那些看上去完美的朋友，可能也存在着我们未曾了解的另一面。也许，为了展现出让别人羡慕的一面，他们会更为严格地隐藏自己的其他样子。因此，当你觉得某个人看起来完美无缺，自己却相形见绌时，不妨试着去想："我其实并不了解那个人。""也许我只看到了他的一部分。"这样的思考方式也许更接近真相。

如果我们与那位朋友建立起更为亲密的关系，深入了解过对方的真实面貌，我们可能会发现，没有谁的人生是不曾感受过苦痛的。这时，我们就不会再把对方当作崇拜和羡慕的对象，而是在互相支持和帮助中，以各自真实的模样在艰难的人生道路上前行。朋友成了一面镜子，照出我们内心的真实和坦诚，让我们以自己的模样生活下去。

在现实中
我们不能按照自己的意愿改变他人
但是,只要我们把握住自己的内心
就能够自主地做出选择
选择自己所处的位置
调整自己的行为方式

第四章

悦己，
学会与自己和解

在一档电视节目中,芭蕾舞演员姜秀珍给当时备受关注的韩国艺术体操选手孙妍在提了一些建议,大致意思是:"作品的完成度取决于动作的流畅衔接"。这意味着,准确地做出每个动作固然重要,但只有衔接得像水流一样自然,才能让整体变得和谐。

人格的成熟其实是一样的道理。我们需要将不同的经历融合到自己的生命中,这样才能形成一个完整的有机体。只有如此,我们的行为、言语和思维才能方向一致,从而达到整体的和谐与平衡。

我们的内心充满各种情感、思想和欲望。人生如戏,我们在不同场合饰演着不同的角色。在生活中,我们还需要随时切换主角与配角的定位，了解自己在什么时间、什么场合需要扮演什么角色。在这样的切换与变化中，我们如何才能保持自我认同，始终做"自己"呢？

昨天的你感到沮丧，认为自己无足轻重；但今天的你精神饱满，充满自信。那么，昨天的你和今天的你是同一个人吗？随着时间流逝和经历变多，一个人的价值观和态度也会发生变化。比如，以前的你更看重工作，现在的你更重视人际关系。这样的改变会让你感到自己已经成为完全不同的人了吗？如果一个人对某些人表现得很亲切，但对另一些人则冷漠无情，那么哪种表现才是这个人的真实面貌呢？其实，一个人是由他所经历的故事构成的，而他的各种特质、表现和行为都有其存在的背景和原因。如果我们能够深入反思并逐渐理解接纳自己的不同面貌，就能够形成一个更加完整、连贯的自我认知，并且拥有更加坚定的身份认同感。

相反，如果我们的自我认知过程出现断层，没能形成一个连贯、完整的自我形象，那么我们就不知道自己是怎样的一个人，就很难与他人建立稳定的人际关系。比如，"想一出是一出"的思维模式会令一个人的行为失去逻辑，别人不仅无法理解，甚至还会难以信任他。

还有一些"性情中人",他们的情绪变化极大,全凭心情做事。当我们与这样的人在一起时,他们的变化总会打乱我们的节奏。我们不知道该如何应对,也会感到不知所措,最后很可能会放弃这段关系。

对于一个情绪易变的人来说,为了避免误会或冲突,就需要选择适当的语言,用坦诚的态度告诉身边的人:"我的情绪波动有点大,有时候会控制不住自己。即使我有在努力,有时候还是会控制不了,如果我的行为让你感到不舒服,一定要告诉我。"

我们不需要成为完美掌控情绪的人,而是需要理解自己拥有不同的面貌。良好的人际关系,始于对自己的彻底理解与接纳。唯有接纳自己,内心才能真正强大,哪怕身处混乱,也能坚守自我,建立稳定的内核。

内心极其不稳定,自我意象和他人意象随时在变,情绪和行为反复无常,拥有以上表现的人在精神病学中被称作"边缘型人格障碍"。他们的自我认同混乱,对于自己的评价、自己人生的方向以及自我的价值观随时在变。他们看待其他人的角度也很极端,要么极端理想化,要么过度贬低。

这种不稳定性在亲密关系中表现得尤为明显:当与恋人关系亲密时,他们会把对方视为完美的理想型,极力称赞对方；一旦对方不满足自己的要求或稍微冷落自己，他们的态度就会急转直下，怒气冲天地责备对方。他们经常通过破坏关系和自我伤害来处理情感问题；当意识到亲密关系真的快结束时，他们又会被遗弃的恐惧所困扰，对恋人死缠烂打，并且一直重复类似的行为模式。

他们之所以如此依赖他人，是因为他们相信对方就是自己的救命稻草，能够抓住支离破碎的自己。他们无法应对自己无常的思想、情感和冲动，所以很难建立稳定而具体的自我形象。他们空洞的眼神反映出他们经常感受不到自己的存在，因此长期处于空虚状态，极端状况下还可能出现暂时性的"解离"。"解离"是指意识、记忆、身份认同和环境感知等方面遭到破坏的现象，患者无法记住自己做过什么或者不知道自己是谁，周围环境对他们而言也变得陌生。严重时，一个人可能会出现多重人格，同时拥有多个身份认同。

即使不是"边缘型人格障碍"或"解离"这种极端状况，我们在生活中也常常被眼前的事物所吸引，而忽略经验之间的联结。然而，如果可以意识到这些联结并将它们顺畅地连接起来，将会确保个人获得稳定的身份认同，并且可以帮你建立可信赖的人际关系，这也是养育孩子的必要条件。

每个人都有自己的局限性，父母也一样。无论他们如何努力，都无法成为完美的人，也难免会犯错。尽管在某些时刻我们不能完全控制自己的情绪或行为，但可以为自己设定一条底线，来衡量我们的行为是否能被接受，好让自己的行为保持在合理的范围内。

作为父母，要尽量避免在孩子面前歇斯底里地争吵。很多人脾气上来时，根本不顾及那么多，等怒气烟消云散后，又会和好如初。尽管夫妻间避免不了争吵，但孩子会认为自己生活在一个不确定性很强的世界里。他们不知道父母的争吵和冲突在何时爆发，他们会长期被恐惧所困扰，整日提心吊胆。

如果父母控制情绪的能力比较差，忍不住在孩子面前爆发了争吵，那么事后一定要及时做出解释。例如，可以告诉孩子："妈妈和爸爸刚才大声嚷嚷，你肯定很害怕吧？但这并不是因为你，只是我们之间有些不同的看法，现在已经和解了，你不用担心。"

夫妻相处久了，想要做到不争吵，实在是不可能。但在争吵时，坠入地狱的往往不是当事人，而是作为旁观者的孩子。父母吵架，会增加孩子的不安全感，会让孩子在怀疑父母的同时怀疑自己。这时，父母一定要通过言行让孩子明确地知道：父母虽然吵架，但是感情没有变，对他的爱也没有变。同时，当父母在孩子面前发生冲突后，如果能及时当着孩子的面和好，就能为孩子打造一个"安全基地"，给孩子带来安全感，孩子就可以理解父母的行为并建立起对父母的信任。

父母是孩子的一面镜子，孩子的很多问题都可以从父母身上找到影子。如果父母能够将自己的多种面貌和经验整合在一起，孩子就更容易形成一个统一的自我认知。生命是一段旅程，当孩子在经历不同的人生阶段时，他们就能从过往的回忆中，感受当时所遇到的人和事，以及当时的心情。这是因为在孩子的心灵深处已经接受了这一点。

有的父母之所以无法展现将经验联结之后的面貌，是因为他们缺少效仿的对象，也很难站在孩子的立场上思考问题。当父母通过吵架解决争议时，他们只会觉得自己不过是声音高一些，不是什么大不了的事情。但是，对于孩子来说，父母的争吵就像龙卷风。孩子只能被动吸进这些负面情绪当中。当风暴过后，只有孩子一个人默默地承受着残局带来的影响。

"爸爸，以前你为什么要当着我的面那样做呢？"许多在孩子看来无比重要的事情，父母却认为不值一提:"什么时候,我有吗?""又不是什么大不了的事儿,还记得呢?"那些事情对于父母来说可能没有特别的意义,或者是他们不愿意回想的经历。父母以为孩子能够理解他们当时的处境和做法,不需要刻意地解释。

然而,这恰恰说明父母没有把孩子看作是拥有独立人格的个体,忽略了孩子在不同的年龄阶段有不同的理解范围和需求。身为父母,他们没有理解和关心孩子,反而将责任推给孩子,要求孩子理解自己。

"当然会理解啊!""这不是理所当然的吗?"这样的态度是以自我为中心的表现。如果不能超越所有的自我,只徘徊在自己的世界里,那么想要与他人建立起客观联系无异于天方夜谭,自我认识与自我整合也将无从谈起。

一位女士在接受心理咨询时,向我倾诉了朋友A给她带来的烦恼。A罹患先天性心脏病,需要多次接受手术治疗。由于家庭经济困难,父母不得不把A的姐姐送去姨妈家。姐姐之后跟随姨妈家一起出国,在那里完成初高中学业后,又回到韩国上大学,但因为住校与A没有太多的相处时间。

大学毕业后,参加工作的姐姐回来和全家人一起生活，A却感到陌生与不便。A从小体弱多病，一直得到父母的照顾，在家中被视作独生女一般宠爱有加，因此难以接受姐姐的回归。尽管这是一种很自然的反应，却让来访者心生厌恶。来访者对我说，A抱怨母亲为姐姐准备合胃口的饭菜，还埋怨姐姐没有好好打扫房间。可A不仅不做家务，还对姐姐说："这就是喧宾夺主的下场，你不该做点什么弥补一下吗？都到这个年纪了，连打扫房间都不会做，太懒了吧。"

A还说起自己其实非常羡慕姐姐，因为姐姐不仅在国外读书，还能讲一口流利的英语。

来访的那位女士谈到，她能理解朋友A的感受。毕竟与姐姐分开了将近20年，姐姐的突然回归必定打乱了A原有的生活，A难免会感到不适。但她听完A的讲述以后，越发认为A的态度有问题，这也让她很不舒服，甚至想远离这个朋友。那么，问题出在哪里呢？

"我也能理解朋友的立场。换作是我也很难接受。但是听着朋友的故事，我却觉得她的姐姐更可怜。虽然我从没见过她，但比起朋友，我不知道自己为什么更愿意站在姐姐那一边。"

这位女士之所以会这样想，甚至对A产生厌恶，也许是她的警戒心发挥了作用。因为朋友的表现太过自私，她完全不关心姐姐从小离开父母是什么样的心情，又过着怎样的生活。

从姐姐的角度看，她可能会认为自己是因为生病的妹妹被父母抛弃了。可是，A并不在意别人的想法，理所当然地认为朋友就应该站在自己这边。如果A能够关注并理解其他人的想法和感受，并在交流中更好地表达自己和包容他人，情况会有什么不一样呢？

"看到姐姐不打扫房间，真的很讨厌。虽然这样的话听起来有点自私，但是和姐姐住在一起，也是不可避免的。她在外企工作，英语说得又好，我也挺羡慕的。姐姐从小就离开了父母，应该也会讨厌我吧？"这些话虽然听起来别扭，但承认了自己的自私，没有一味地以自我为中心，只是单纯地为"不便"辩护。这样说不仅表达了自己真实的想法，也考虑到了姐姐的感受。此时，A将不再只从自己的角度看待问题，而是超越自我，接受不同维度的观点，建立多样的联系。

我们通常会对那些真诚、包容性强的人产生信赖，对于那些只考虑自己的人，我们只想划清界限。我们会担心和这样的人交往无法获得尊重，甚至可能被对方自我中心的逻辑所迷惑，迷失自我。

为了赢得别人的信任，我们首先需要对别人真诚，也要对自己的内在经验保持诚实，并且能够从多元的角度看待自己的经验。这不仅仅是为了建立亲密关系，也是为了接纳自己、活出真我。因此，我们不仅需要一个能装下内在经验的心灵容器，还需要保持客观的态度。这能帮助我们建立起情感、思想和需求之间的联结，也能帮助我们处理和表达真实的自己。

"我很糟糕"和"我认为自己很糟糕"是完全两种不同的看法。当你强调前者时，你就会像自己所说的那样变成一个糟糕的人；当你觉察到自己的想法，明白自己只是正在觉得很糟糕时，后者就只是装在你心灵容器里的想法。

心灵容器是所有情绪和情感产生和聚集的特殊容器。有时候我们会感到沮丧或无助："我是个没用的人"或者"我很沮丧"；但在其他时候，我们会感到快乐和自信，如"感觉不错"或者"我很快乐"。各种情绪形成了完整的自我形象。通过理解情绪的变化和多样性，我们可以更好地处理自己的情绪，也就可以真正成为被认可的那个"我"。

元认知[①]是指对自己的想法进行思考和观察的能力，以及对自己的内在经验的客观认知能力，可以帮助我们从他人的角度看待问题。这种能力就像提供了一个全新的视角，能够让你正视自己在复杂多变的现实中的真实样貌。

本章将探讨当你不具备这种视角时会遇到的困难，以及你被负面想法或杂念所困扰的根源。同时，你将掌握一种重要的认知技能——"正念"，并开启一段从容面对生活中的挑战和机遇的新旅程。

[①] 元认知（metacognition），也译作"反省认知"，指的是个体对自己认知过程的知识和调节这些过程的能力。这一概念起源于 20 世纪 70 年代。

你是自己思想的主人吗?

情绪通道与认知通道

我们在感知和体验世界时,会在心理层面上使用情绪和认知这两个通道进行处理。情绪通道负责处理我们的感情和情绪,认知通道则负责处理我们的想法和分析。我们内在产生的情绪和想法被接受的健康灵活程度,直接反映了情绪通道和认知通道的发达程度,还将影响我们的心理健康。

情绪通道和认知通道的形成与我们的先天素质、能力以及后天环境有关,在各种因素的不断互动中发生变化。在这个发展过程中,人们最初的情感和思考方式会逐渐变得更加复杂、细致,这使我们可以从多个角度来感知、体验和思考。通过这样的发展,我们可以摆脱以自我为中心的视角，以更全面的角度看待自己、他人以及世界。这也是心理成熟的一个表现。

父母能够敏锐地理解孩子的情感与想法，并及时给予反馈，是帮助孩子建立健康的情绪通道和认知通道的基础。然而，即使在幼年时期没有打好这个基础，也不代表我们会终生生活在缺乏两个通道的贫瘠的内心世界里。

在前面的"有时候我自己都不了解自己"这一章节中，我们探讨了通过情感关注来建立健康的情绪通道的过程。在这一章节中，我们将探讨通过思维关注来建立健康的认知通道的过程。

想法就像病毒

人们普遍认为"我是自己思想的主人"。因为思考的主体是自己，所以"我"能够控制自己的思想，并认为"我"的思想代表了自己的本质。举个极端的例子，假如有人产生了"我很蠢"的想法，他就会认为这是因为自己实际上确实很蠢，所以才会有这样的想法。然后他会开始相信这个想法，并将其视为真实。

但是，我们真的能够完全控制自己的思想吗？我们所有的想法都能够准确反映出真实的自己吗？如果我们仔细观察自己的思想流动过程，就会发现想法的运转与我们的意志无关，可能是在我们的意识之外被塑造出来的。

"我想得太多，根本睡不着。"很多人在夜深人静的时候，总是会被思绪扰乱睡意，深受失眠的困扰。那些纷乱的思绪大多是对过去的后悔、让自己抓狂的回忆、对无法回到的过去的缅怀、对未来的担忧、对前途的悲观预测等。这些思绪有一个共同点，它们都是脱离现在、超出自己控制范围的想法。过去发生的事情已经无法改变，未来也无法预测，因此这些想法只会带来焦虑和困扰。

沉浸在过去容易抑郁，反复思考未来容易感到焦虑。抑郁和焦虑是人们经历的主观痛苦中横亘在前的"两座大山"。同时，它也是一种信号，提示自己正沉迷于无法改变的某种事物。 然而，我们往往难以轻松摆脱负面思想的困扰。因为对于我们来说，沉浸在思考过程成了逃避消极体验的一种手段，或者在思考时感到自己可以控制可能面临的结果，从而获得安慰。因此，即使想要主动摆脱萦绕在脑海中的想法，也会在潜意识中不断走进自己创造的思维世界，最终完全失去控制，被自己创造的思想所吞噬。

在克里斯托弗·诺兰的电影《盗梦空间》中，主人公柯布和他的妻子梅尔为了研究梦境，在梦的世界里度过了几十年。为了让混淆梦境和现实的梅尔回到现实，柯布将"现在是在梦里，只有醒来才能回到现实"的想法种在了妻子的梦中。然而，即使梅尔回到了现实，她也无法摆脱潜意识中的想法。最终，她相信"只有从梦中醒来才能回到真正的现实"，于是跳下高楼结束了自己的生命。梅尔受想法的控制追逐虚假的幻象，而没有看见脚下的现实。柯布曾说："想法就像病毒，顽强无比，感染性极强，再细微的念头也会生根发芽。它能塑造你，也能毁灭你。"

侵入性思维：将想法和现实混为一谈

思维会成瘾，导致我们陷入空虚的思维漩涡当中。为了不被思维吞噬，我们要学会辨别内心的想法。我们可以通过分析思考过程中的意识化程度和自发性水平来进行区分。

侵入性思维指的是不受主观意识控制，突然在脑中浮现的想法。它可能是一段非自愿、不受欢迎甚至让人产生不愉快的内容，因此往往被视为各种心理疾病的症状之一。例如，强迫症患者可能会想要杀人或者担心身体被病菌侵入。在创伤后应激障碍（PTSD）中，有的人可能会出现"闪回"症状，即回忆起遭受创伤的场景，并感觉正在经历这个场景。例如，有人在交通事故中受到刺激后，就会反复想起事故场面。在极度的压力或抑郁症的影响下，有些人会出现想从高楼跳下、迎面扑向驶来的汽车等与自杀相关的冲动性想法。

侵入性思维不仅出现在严重的精神疾病中，大多数人在日常生活中也经常会感受到它们的存在，但人们常常无所察觉，或是当作一闪而过的无意义的想法，而不是自己的真实意图或动机。例如，即使一个人有杀人的想法，也并不代表他就是真正的杀人犯；即使一个人想起了曾经经历过的可怕事件，但他现在还是安全的。当人们忽略这些想法，它们就会随着其他想法淹没在意识流中。

然而，当思维和现实的界限模糊不清时，侵入性思维就会让人们将自己的想法与现实混为一谈。因此，人们往往试图否认那些具有威胁性的想法，也不愿意接受和侵入性思维相关的负面经历，甚至试图将其排斥在自我意识之外。他们害怕承认这些经历是自己的，同时相信自己绝非有杀人欲望之人，他们也相信悲剧不会在自己身上重演。对善与恶、对与错的理想基准越强硬，对善良世界的信心越强烈，就越难接受黑暗的欲望和无法控制的人生。

从这个角度看，说"恶人在现实中获利、善人则遭受痛苦"也没什么不对。然而，如果只看到现实的其中一面，这样的行为与真正的心理成熟相去甚远。成熟意味着要承受现实的积极与消极。只有情景喜剧的主人公才能总是积极愉快地生活。而在现实中，人们都会经历不同的、复杂的人生故事。一味地否认和排斥那些复杂的经历和想法会导致更多的侵入性思维的产生，就好像越要求自己"不要想大象"，那头"大象"就越会频频出现在你的脑海里。

善良却不成熟的父母会将自己难以接受的经历传递给孩子，导致孩子的自我认同出现分裂。一位女士的父亲深信自己"绝不会酒后失态"，然而这位女士在成年后却深受童年记忆的困扰。

"小时候，爸爸在喝醉后经常一言不合就和妈妈吵得不可开交，甚至挥刀耍横。如果爸爸承认过自己的错误，或者没有谴责其他喝酒的人，那么我也许不会厌恶他。但是，爸爸始终认为自己是个好人，而我记住的只有那些不好的事情。我变成了一个不能感恩爸爸的坏人。可能有问题的是我吧。"

也许她的父亲是个为孩子无私奉献的老好人。但在早已成年的女儿心中，父亲却是一副醉酒成性、挥刀紧追自己的样子。这种侵入性思维让那位女士很难分清好与坏的界限，她因此感到混乱。她无法相信自己的记忆，无法相信父亲对自己的爱，也很难判断言行不一致的人的真实意图。因此，她很难摆脱"对方坚持自己是对的，那么我是不是错了？"的自我怀疑。

当父亲酒醒之后，全家人表现得好像什么事情都没有发生一样。他们围坐在餐桌旁，像往常一样聊天。而她却陷入了混乱。她愣在原地，不知道该如何理解眼前这一切，更不知道该如何与家人互动，不知所措的她遭到了破坏气氛的指责。在这个家庭中，只有她成了负面经验的垃圾桶，里面填满了父亲没能整合好的经验，还有不被其他家庭成员关注和解决的冲突。

在进行心理咨询的过程中，最重要的不是判断来访者的记忆片段哪些是真实的、哪些是虚假的。过去的记忆受到情感冲击的强度影响，很容易被夸大或扭曲。心理咨询师也不是法官，不需要判断谁对谁错。无论事实如何，在来访者的主观世界中，那个拿着刀追赶自己的醉酒父亲是真实存在的，而且每当遇到困难时，父亲的声音都会让她的信念摇摆不定。随着时间流逝，被压抑的情感也许已经变得麻木，但每当在现实中遇到困难，或者难以坚持自己的信念时，父亲的亡灵就会再次复活。

"你一定很害怕吧？"当心理咨询师读懂她作为孩子的感受时，她才知道自己其实很害怕。看着若无其事的父母，她选择麻痹自己，否定自己的感受。但恐惧的感觉并没有被消化，而是潜伏在她心里，通过拿着刀追过来的父亲的样子，以侵入性思维的方式露出了本来的面目。

情绪通道和认知通道会相互影响和作用。如果处理情绪的情绪通道无法正常工作，与之相关的情绪就会入侵认知通道，影响人们的思想和行为。这位女士给那些被压抑的情感命名，并通过表达，充分释放了这些情感。这样一来，她就不再被侵入性思维所压倒。现在，即使父亲拿着刀追逐她的场景浮现在脑海中，她也可以理解这个场景，并能主导自己的思想和行为。

另外，她也明白了：虽然过去的事情是父亲做的，但是不断将过去的记忆呼唤到眼前，并进行重构的却是她自己。每当她要努力实现某些事，或者感觉在与世界抗争时，她就会想起父亲那可怕的形象。通过理解过去给现在发出的信号，她得以摆脱过去，并将目光投向当下。现在，当她想起那些可怕的记忆时，她会思考是什么让自己感到如此疲惫和沉重："那时我很害怕，也很辛苦。当我回忆起那一幕时，我感到现在的生活同样艰难。是什么让我如此疲惫？"

她开始用不同的视角看待和理解父亲对自己的责备。虽然父亲对孩子付出了深厚的情感，但在面对家人时却缺乏界限。在他看来，家人不同于外人，即使自己喝醉后做错了事，也只是在家人之间犯下的错误，而不是对外人。他认为，家庭成员应该心照不宣地包容他，对于那种程度的失误，完全不需要介意。

然而，女儿与父亲的期待不同。她拥有自由感受、思考甚至是受伤的权利。父母承认孩子拥有独立的"内心"，和自己是不同的人，将成为孩子脱离父母、在心理上实现独立的前提条件。

杂念：欲望越重，执念越深

杂念，与侵入性思维不同且更接近于意识，仍然以非自发的形式出现。这些杂念往往是未满足的欲望的替代品，但是人们很难自我察觉杂念和欲望之间的联系。

以受进食杂念影响的暴食症为例。即使想要克制暴饮暴食的欲望，一旦饱腹感消失，对食物的渴望就会重新涌现。但是这种渴望很可能不是生理上的饥饿，而是情感上的饥饿。这种状态并不是因为食欲不振，而是因为其他欲望无法得到满足。一旦放弃对食物的执念，可能会面临孤独感、失败恐惧、对未决之事的失望，以及被亲近之人抛弃的担忧。

在现实生活中，当亲密关系的需求不被满足，又很难感到自我价值时，我们的潜意识会列出一系列可以满足情感饥饿的替代品来诱惑我们。如果被诱惑控制并做出冲动反应，就会感到自责。为了忘记这种感觉，更多的杂念会像洪水一样涌入我们的脑海。要摆脱这些杂念，就必须有意识地关注自己的情况，了解自己在哪方面不满足。比如要意识到"这不是因为饥饿，而是因为孤独"或者"这不是因为饥饿，而是因为不安"。只有认识到杂念与自己的情感和落空的欲望之间的联系，才能想到切实可行的替代方案满足自己的需求。

被动型思维：缺乏现实性，用幻想满足期望

比起侵入性思维或是杂念，有种幻想更接近于意识，是一种自发而缺乏现实性的被动型思维。幻想是满足愿望的一种思考方式，只编辑自己想看到的部分现实，创造出戏剧性的内容。比如，感到饥饿时想的不是吃饭，而是期待一些不可能发生的事情，"那棵树上的果子直接掉进我嘴里就好了。"这与沉迷于渺茫的希望非常相似。暗恋是幻想的典型案例。爱情是两个人相互交换情意，暗恋却不符合这种爱情公式。暗恋的双方的爱不对等，互动也不基于现实。

罗伊·F·鲍迈斯特以暗恋者分享的经验为基础，分析了暗恋的心理学关系。暗恋之所以会发生，意味着两个人之间理解不足。暗恋建立在错位的基础之上。也就是说，双方无法正常接触，彼此无法互相理解，但是有一方会任意进行分析。陷入暗恋的人无法真实地看待对方，而是将自己的幻想投射在对方身上。对方的微小言行和日常巧合等细节成为希望的种子和幻想的素材。

对方无意义的微笑被解释为对自己的关注，偶然的邂逅听起来像命运的前奏曲。

相反，被暗恋的人更难明确自己对暗恋者的感情。虽然很感激对方喜欢自己，同时也感到不好受。更重要的是，自己会在不久的将来拒绝对方，这让人感到很沉重。暗恋者害怕错过自己幻想中的那个人，而被暗恋者则不想成为"坏人"。因此，两个人都很难坦率地表达自己的情感。暗恋者不能说出"我喜欢你，你呢"，而被暗恋的一方也不会问出"你喜欢我吗"。

在暧昧的氛围中，一方总是围绕着另一方转，试图窥探对方的想法，但在他的脑海中，却写了一部幻想小说，其中包括告白、交往、结婚，甚至连孩子的名字都取好了。然而，这种事情在现实中是不可能实现的。为了结束单恋，我们必须坦率地表达自己的心意，确认对方的意愿。或者从现实的角度审视对方的人品，幻想中的那个人是否真的是自己所期望的那个人呢？在看到对方的真实面貌之后，我们可能会意识到自己的幻想只是一厢情愿。即使两个人最终在一起了，对面的人也成不了梦中人。因此，罗伊·F. 鲍迈斯特认为，**暗恋是由于幻想未来而产生的现象。而单恋的结束意味着一切的梦想和希望都将消失，暗恋者也将重回现实。**

如果你喜欢上一个无法交往的对象，沉浸于无法得到回应的爱情，或者一再产生和对方相关的幻想，那么这种爱情的原动力可能是对自己的不满。幻想对方可以填补自己没有的东西，只想保存对方符合自己幻想的样子，这正是把暗恋当作逃避现实的手段。因此，如果你正遭受暗恋的折磨，你需要问自己："我对这个人了解多少？"这个问题有助于你明白自己是否站在现实的角度看待对方，是否为了建立现实的关系而努力。

如果想要真正地了解对方，可以保持适当的距离进行观察，观察自己的好意会得到怎样的回应，观察自己走近时对方是否会退缩。为了确认对方的想法，必须将自己的心意通过行动表达出来，这样才能看清楚对方的实际反应。如果自己走近时，对方却选择远离，那么你也许需要尊重对方的心意。

如果难以确认对方是个什么样的人，弄不清对方的真正心意，并且没有勇气向对方表达自己的想法，那么你就需要承认：比起现实，你更愿意停留在幻想当中。要知道，在未来的某一天，那个浪漫的幻想会在手指轻触的瞬间，化为泡影转瞬即逝。你需要回到现实世界，了解是现实中的哪些缺憾滋养了这些幻想。

对于渴望爱的人来说，他们可能会利用对方的一些友善的行为填补自己的缺失；或者，他们已经厌倦了长期交往的伴侣，渴望感受新的恋情带来的悸动。对于认为自己没资格被爱的人来说，他们可能会沉迷于不可能实现的爱情中，把这个当成自我安慰的方式，幻想对象也不局限于某个人。

无论暗恋的对象是谁，我们都应该记住，现实不会发生改变。即使不是暗恋，如果你总是依靠虚假的幻想来填补内心的空虚，那你就必须正视这种情况了。你需要明白这不过是自己的想象。只有这样，我们才能在逃避现实、获得片刻安慰之后，再次回到现实中。当我们为了寻找由糖果和饼干做成的房子而走进森林时，必须铺设一些石头作为引导我们回归现实的标记。就像电影《盗梦空间》中的主人公柯布为了区分梦境与现实，总是带着陀螺一样。

解决问题型思维：分析原因，摸索对策

与前三种思维类型不同，解决问题型思维是一种以现实为基础、有意识、自发性的思考活动。它通过分析问题的原因并寻找现实的依据来解决问题，被认为是具

有目的导向和合理性的思考方式。而且，建设性的思考不局限于想法，还会转化成积极的行动，对现实产生直接影响。

有位年轻人一直希望获得大家的认可，为此他努力做一个好人。但他受不了其中一位同事毫无缘由的冷漠和无礼。有一天，尽管他没有和同事吵架，同事却把他当作"透明人"一样对待。他一想起这件事就会心情不好，所以他试着不去想，专心工作。但这件事实际上是现实中必须面对的烦心事，因为他每天都会在公司遇到那个同事。某天，年轻人与同事A聊天时，那个同事对着A大喊："你快过来这里！"看着A的背影，年轻人仍没弄明白内心的不悦源自何处。

"要成为一个好人"这句话深深地烙印在人们的心中。这让我们认为自己应该优先考虑对方，不给别人带来任何伤害，并表现出得体的行为。但是，那些没有学会如何保护自己的人，在遭受他人无礼侵犯时，往往处于毫无反击能力的状态。由于不符合常识或社会道德规范的行为具有不可预测性，因此很难判断其他人是否会越过道德底线，做出令人惊讶的行为。因此，很多人连最基本的自我防御都做不到。所以，当别人越界时，他们往往反应不过来，只能被动地承受攻击。另外，他们害怕自己的愤怒过于强烈，导致情绪失控，因此不敢表达自己的情感。

对于那些不知道自己会在哪些情况下感到不适，不了解自己是什么样的人，只是根据社会期望长大的人来说，愤怒是一种既陌生又困难的情感表达。他们甚至没有意识到可以恰当地表达愤怒，可以用"以柔克刚"的方法传达怒意。因为对于那些善良的人来说，愤怒是一种必须从心中清除的负面情绪。

然而，那些未能表达的愤怒，在心里如山般不断堆积，连他们都害怕会在未来的某一天瞬间爆发，以至于无法控制。因为在他们的想法中，怒火会像一只久困囚笼的怪兽，爆发出震耳欲聋的怒吼。但是愤怒也是一种信号，它在告诉你是时候坚持自己的立场了，至少留一半的善良给自己，借此对愤怒做出友善的回应。这些人需要重新定义愤怒：

"愤怒不是坏事。"
"愤怒的另一个名字是明确自身立场。"
"愤怒可以温和地表达出来。"

值得庆幸的是，这位年轻人具备充分的解决问题型思维。当他回想起同事无礼插话的那一刻，我鼓励他说出当时想说的话，但他却陷入了犹豫。我告诉他，哪怕骂人也没关系。他才说："你怎么能随意插话呢？你家里就是这样教你的吗？"这样的表达让他的情绪得到释放。当被问及为什么过去无法表达自己的想法时，他回答说觉得这样很没礼貌，害怕影响自己在公司的评价。

他的担心不无道理。因此，重要的是找到一种既礼貌又能达到目的的表达方式。对于这位年轻人来说，考虑到自己的情感、所处的环境以及对方的立场，想要解决这种问题并不容易。对他来说，愤怒要么被压抑，要么爆发，只能二选一。然而，在考虑过现实的情况并进行一番深思熟虑后，他终于找到了一种既能坚定立场，又能适当应对的策略："我的话还没说完，请稍等一下。"

就是如此简单！但那位年轻人却因此感到痛苦与折磨。其实，没有必要责备从前那个无法好好应对的自己。那个时候的"我"已经尽力做到最好了。经历过很多事情后，现在的"我"拥有了新的应对策略。当然，即使你下定决心："下次遇到类似的情况，我会这样说！"可能也会反应迟钝，又或者声音抖个不停，思绪杂乱无章，不能很好地表达想法。

但你不需要太失望。就如同短期训练很难快速练出肌肉一样，一次又一次的尝试会壮大你的"心理肌肉"。你可以像锻炼身体上的肌肉一样，通过反复训练加强自信。这样，你会在需要做出判断或选择时流露出自信，自信会慢慢地变成一种不费力就能唤起的状态。

从思考的质量层面来看，建设性思维是最主动、自觉的思考类型，也是值得推荐的思考类型。然而，不是所有的潜意识和非自发性思考都必须转化为建设性思维才能变得健康。在心理健康方面，重要的不是部分的突出，而是整体的平衡与灵活。无论是侵入性思维还是满足欲望的幻想，所有的思考都有其功能。无论我们是否有意，它们都来过我们的内心世界，并产生了相应的影响。压抑并否认某种经历只会破坏心理平衡，还会转化成另一种形式，造成更严重的问题。试图消除消极思想，或是强制将其转化为积极思想的尝试也很容易遇到限制。因为，试图仅保留积极思想的尝试与陷入消极思想的过程是相似的，它们都阻碍了我们对自己的整体理解。

在我们的内心世界里，很多想法总是不由自主地出现和消失。我们无法做到去除糟粕，只保留好的想法或情绪。因此，**与其成为筛选自己想法的监察者，不如强**

化自己的"心灵容器",接纳内心的一切想法。虽然我们不能掌控装进容器的是什么东西,但我们有责任不断完善自己,维护好这个容器。

成为自己的人生故事的作者和读者

倘若"我"是小说的主角

"后退"的态度是一种力量。以退为进,不仅可以将我们内心丰富的情感表达出来,而且可以帮助我们走出挣扎和困局。每个人都是自己的人生故事的主角。从出生开始,我们就按照既定的剧本迎接自己的命运:突如其来的难关,受到伤害和挫折,持续学习与成长。在故事结束之前,你不知道自己为什么走到这里,也不知道在下一页里自己会变得怎样;你也不知道周围的人发生了什么事,他们有什么样的想法和意图。

与漫长的故事相比,主角当下的处境、遭受的痛苦都是短暂的,只是作者笔下的冰山一角。如果像小说的主角一样生活,你会经历各种强烈的情绪。每当那些情绪和想法在你身上出现时，你很容易被淹没，并错以为它们就是你的全部。

你的人生故事的主角当然是你自己，相当于你一边生活，一边完成自己的人生故事。只是，你不光是主角，还是作者，同时也是读者。虽然是作者，但你并非全知全能，因此无法随心所欲地编写故事。实际上，作者也不能总是按照自己的意愿发展故事。他们必须考虑所有角色之间的关系、读者的反应、编辑的意见以及时间和成本等现实因素。虽然详细的设定有所不同，但是故事的主导者依旧是作者。在人生这部鸿篇巨制中，你就是自己人生的主导者，生命的各个层面都由你做主，你可以根据自己想要完成的人生故事决定接下来的发展方向。

在这本书里，除了你，还有其他配角。他们在自己的故事中，同样是主角和作者。因此，我们不能随心所欲地处理所有登场的角色，因为他们正在按照自己的意愿编写自己的故事。

同时，每个人也是自己的人生故事的读者。作为读者，我们知道主角正在经历的事情只是整个故事的一部分。我们站在第三方视角，以一种更广阔的视角观察主角现在的想法，感受他们的情绪，考虑其他配角的情况，以此综合各种因素来理解故事情节的发展。

后退一步，看清自己

面对人生中的各种未知时，我们需要做出选择：是就此认命，成为无奈的悲剧主角？还是我命由我，成为人生的作者和读者？如果你选择了后者，那么就需要培养两种能力——心智化和正念。心智化意味着在现实生活中要懂得"退一步海阔天空"，根据自己的心理状态去解读自己的行为。我们内心的一念一动，决定着自我所看到的外部世界；心念不同，对同一件事物的观感就不同。

当看到杯子里只有一半水时，无论是认为"只剩一半儿了"，还是认为"还剩了一半儿"，都取决于我们的内心。你的内心是什么境界，你看到的世界就是什么境界。例如，圆觉法师夜宿荒林，在口渴难耐之时喝到了装在葫芦瓢里的水，感到十分清凉甜美。实际上那并不是葫芦瓢，而是一个死人的头盖骨。当看清头盖骨的样子后，圆觉法师当场就吐了出来。这个例子恰好说明了心智化是一种内省能力，借助思考和反省整合自身的经验。

利用心智化来内省

心智化是一种态度——"你是你,我是我,心境影响结果"。这种想法在很大程度上依赖于亲子依恋关系的质量。在良好的依恋关系中,养育者会给予孩子正确的回应,让孩子明白自己与他人之间的关系是彼此独立又彼此联系。那么,没有经历过良好依恋关系的人会是怎样的呢?他们会一辈子都无法触及自己的内心,也无法触及别人的内心吗?

人类的伟大在于,即使是个人在生命早期经历的依恋关系,也可以从心智化的角度进行整合和分析。虽然我们无法改变过去的经历,但可以改变对经历的态度。通过认识经历的意义、发生的背景、对自己产生的影响、自己的责任以及无法控制的他人的责任等,我们可以让这些被困在过去的经历,得以找到新的出路并开始流动。

我和父母之间发生过什么?父母当时为什么做那些事?我当时经历了什么?过往的经历对我产生了什么样的影响?摆脱那些影响需要什么?通过思考这些问题,可以创造机会进行改变。过去,我们只是被动地接受命运的安排;而现在,我们可以积极地书写自己的故事。

通过这个过程，我们可以逐渐摆脱在早期依恋关系中形成的反射性依恋障碍，让自己成为生命的主角。因此，不必总是心存这样的疑问："没有从父母那里得到爱和关怀的我能爱别人吗？""我能成为好父母吗？"我们和父母有所不同，只要我们的心态不同，我们就可以将没有得到的爱传递给自己和他人。

利用正念认识自己

心智化是一种内省行为，通过省察过往的经历，帮助自己的思维从身体里剥离出来，从而更好地观察、理解自己的内心状态。然而，"正念"强调的是"刻意但不批判"，通过聚焦瞬间，正视每个当下发生在自己内外部的经验。

正如"刻意"一词所示，正念不被潜意识的反应所吸引，而是有目的、有意识地体会当下的感受。此外，"不评判"意味着对当下发生的一切不做"好与坏，对与错"的判断和分析，只是单纯地觉察它、注意它。通过正念练习，你只会意识到"哦，我现在有这样的想法""我现在感到不安""我现在感到孤独"等。换句话说,正念可以让我们成为自己经历的读者,冷静地阅读正在发生的经验。

有这样一位女士,她常在人前脸红。她觉得这样非常尴尬,浑身不自在。每当脸变红时,她就会觉得别人能够洞悉她内心的卑微,她的不足和缺点也会显露出来,影响别人对她的评价。

认为别人能够洞悉自己内心深处的想法和感受,其实只是她的一种自我错觉。这种错误的想法表明她存在界限不明确的问题。事实上,别人可能根本没有注意到她脸红了;即使注意到了,也很难知道她为什么会脸红;即使知道了,也不会成为什么大问题。虽然道理她都懂,但就是一想到这些就感到十分不安。

然而,她被焦虑与不安所困扰,他人的目光就像突破了边界一般侵犯了她的内心。为了保护自己免受这种侵犯,她不是回避对方的目光,就是匆忙地逃离。

正念允许一切自然地发生,是一种不怎么消耗心理能量的应对方式。当面部出现潮红时,正念下的自己会意识到"现在我的脸红了",不会过多在意。只是脸变红而已,不意味着自己不如别人或者自己是一个不够好的人。这种负面含义是自己定义的,并不是别人赋予的。正念可以区分"这些只是我自己的想法",能够排除任何评判，专注于观察自己的心路历程。

如果别人问"为什么你的脸这么红？"不要试图编造一些自以为真实的答案，实话实说是最简单的应对方式。当你不知道该如何回答时，说出实际情况是最好的方法。例如，"是啊，我也不知道为什么脸红了"，这样就可以了。只要坦诚地观察和表达，就没有必要说谎或费力隐藏自己。

一旦你不再刻意控制负面经验，那么你不仅能省下心理能量，还会心生余力。这种余力会产生一种宽裕感，你会感到更轻松从容，脸红也会很快消失。即使没有消失，也不会对他人造成伤害，只需宽容地看待自己，如"原来我有这个特点""我的皮肤有点敏感"，这样就可以了。

我有自己要走的路

心智化和正念的共同点就是在认知过程中后退一步。不被认知所困，而是与认知保持一定的距离，观察正在经历的事情，并深入思考其意义。通过观察和思考，我们就能知道下一步棋该怎么走。

这种与认知保持距离的做法,在某种程度上与人类的本能相矛盾。人的情绪和想法多往负面的方向流动。从进化的角度看,人的大脑善于发现负面的事物,这样有助于预防危险发生,提高生存率。然而,心智化和正念并不停留在对经验的本能反射,而是一种刻意的有责任感的回应,更是一种积极的态度。这种态度令我们对自己的人生负责,同时可以享受到"我命由我"的自由。

听说韩国歌手杨熙恩将"就那样吧"和"那也有可能"作为她的座右铭。她没有被生活中的悲观和冷漠所侵蚀,而是相信自己和他人的心境都有可能变得积极向上。她在适当的距离内观察不同的心境,并走着自己脚下的路。"就那样吧"和"那也有可能"中蕴含着对生活的热爱和宽容,这也许就是那些一路走来的人们的心声吧。

有很多种子

在我的内心深处生根、发芽

我无法筛选它们的好与坏

与其一遍又一遍地过筛

倒不如找到一个容器

将那些关于自己的一切都储存起来

后　记

这样也不错

　　我是在内心非常疲惫不堪的时候开始创作这本书的。在那段时间，虽然有很多事情需要做，却很少能按照计划进行。即使我很努力地去做，大家却似乎只会指责我，告诉我可以做得更好。当我把所有的时间和精力都投入必须完成的任务中时，却发现已经没有时间和精力可以留给自己了。我发现不能再这样下去了。于是，我开始放弃一些自己做不到的事情。在这个过程中，我意识到我没办法做到十全十美，而且也没必要那样做。

　　"别人比我更努力，而我却总是没做多少就开始抱怨。"虽然我时常会听到自我批评的声音，但我告诉自己："我是我，别人是别人。我必须考虑自己的处境、体力和精力，这是我能做到的最好的结果。"这时，我终于放下了与他人比较的想法，开始思考自己到底是谁，自己的能力和极限又在哪里。我还尽力留出一些时间做自己想做的事情，而不是一直强迫自己只做必须要做的事情。于是，我开始写下这些文字，回顾自己为什么选择了心理学、过去的经验又给我带来了哪些感受。

在这本书问世之前，我进行了很多思考。这本书通过回顾我过去的经验，为读者找到了一个可以解开人生之谜的方向。当然，这不一定是完美的答案，也可能存在与我想法不同的方法，甚至不是每个人都适用。

在实际生活中，我也没办法完全像书中所写的那样，将自己所理解的东西完美地付诸实践。这本书只是记录了我的决心："朝这个方向前进看看。"也许有一天，这些决心可能会改变，我也可能会找到另一个方向。因此，在阅读这本书的时候，不要将这些内容解读为"一定要这样做"的强烈要求。相反，我希望这些文字可以在你面临类似的困难时成为一种选项，就像是"也可以从这个角度看看"的想法。

我曾经一直追求完美，却做不到完美。当事情不按照我的意愿发展时，感到挫败的我还会消耗更多的精力。现在，我正在努力接受现实——接受"我不能做所有事情"的事实，接受"我不能得到所有人认可"的事实。我也明白了人会犯错，会被某些人所厌恶，会无法得到自己想要的东西。

  对我来说，写这本书是一段自我发现和自我疗愈的旅程。因此，在这本书的结尾，我希望稍稍放下自己对于结束的遗憾之情，告诉自己"这样已经足够好了"。我也希望所有的读者在阅读这本书的过程中，能够鼓励一路辛苦走来的自己，为自己付出的努力感到自豪，挖掘更多自己觉得"这样就足够好了"的瞬间。